小学班级管理研究

◎陈琪 著

湘潭大學出版社
XIANGTAN UNIVERSITY PRESS

图书在版编目（CIP）数据

小学班级管理研究 / 陈琪著. -- 湘潭 : 湘潭大学出版社, 2024. 8. -- ISBN 978-7-5687-1541-6
Ⅰ. G622.421
中国国家版本馆 CIP 数据核字第 2024EY3999 号

小学班级管理研究

XIAOXUE BANJI GUANLI YANJIU

陈琪 著

责任编辑：刘文情
封面设计：张 波
出版发行：湘潭大学出版社
社　　址：湖南省湘潭大学工程训练大楼
电　　话：0731-58298960 0731-58298966（传真）
邮　　编：411105
网　　址：http://press.xtu.edu.cn/
印　　刷：长沙印通印刷有限公司
经　　销：湖南省新华书店
开　　本：710 mm×1000 mm 1/16
印　　张：13.25
字　　数：203 千字
版　　次：2024 年 8 月第 1 版
印　　次：2024 年 8 月第 1 次印刷
书　　号：ISBN 978-7-5687-1541-6
定　　价：60.00 元

前言

在教育改革的浪潮中，小学作为基础教育的重要阶段，其班级管理的有效性与质量直接关系到学生的全面发展与未来潜能的激发。随着社会的快速进步和教育理念的持续更新，传统的班级管理模式已难以满足新时代教育发展的需求。面对学生个体差异日益显著、信息技术广泛融入教育教学的现实背景，如何构建一个既有利于学生学习成长，又能促进其身心健康发展的班级管理体系，成为每一位教育工作者亟待解决的重要课题。

本书系统阐述小学班级管理的各个方面，首先，通过绪论部分，厘清班级与课堂、班级与年级的关系，明确小学班级在教育体系中的独特价值与重要意义。其次，各章节依次展开，从班级管理的基本概念、原则与方法讲起，逐步深入班级组织建设、日常管理、活动组织等多个维度。每一章节都紧密围绕小学班级管理的实际需求，为读者呈现了一幅完整的小学班级管理图景。书中不仅阐述了管理的原则与方法，还注重培养教育者的管理智慧与创新能力，使其能够在复杂多变的教育环境中游刃有余地应对各种挑战。

在行文特点上，本书力求做到理论与实践相结合，既注重理论阐述的系统性与逻辑性，又强调实践操作的可行性与有效性。语言平实易懂，深入浅出，既适合一线教师阅读学习，也可作为教育管理专业学生的参考教材。同时，本书还注重创新性与前瞻性的融合，积极引入国内外先进的班级管理理念与策略，为小学班级管理注入新的活力与灵感。通过本书的学习，读者不仅能够掌握一套科学有效的班级管理方法，更能够激发对教育事业的热爱与追求，为培养德智体美劳全面发展的社会主义建设者和接班人贡献自己的力量。

目 录

绪 论

一、学校的班级与课堂

班级与课堂是学校教育的核心构成部分，承担着知识传授、能力培养和人格塑造的重任。班级和课堂的设计与管理直接影响着学生的学习效果，因此，深入探讨这一主题具有重要的现实意义。

班级是学校教育的基本单位，每个班级由若干学生组成，通常由一位班主任负责管理。班级的主要功能包括以下方面：首先，教学组织。班级是课程实施的基本单位，教师通过班级组织课堂教学活动，将知识传授给学生，并通过作业、考试等方式检验教学效果。其次，管理职能。班级是学校管理的基层单位，班主任负责学生的日常管理工作，包括出勤、纪律、卫生等，确保班级有序运行。再次，社交平台。班级为学生提供了一个固定的社交群体，学生在班级中学习合作、沟通和解决冲突，培养社会适应能力。最后，心理支持。班级是学生心理发展的重要场所，班主任和学生之间的支持和互动对学生的心理健康和人格发展起着积极作用。

课堂是班级活动的主要场所，是教师与学生进行直接互动的场地，课堂的主要特点和作用体现在以下方面：首先，知识传授。课堂是教师传授知识的主要场所，教师通过讲授、示范和引导，帮助学生理解和掌握课程内容。其次，能力培养。课堂不仅是知识传授的场所，还是培养学生思维能力、表达能力和实践能力的重要平台。再次，互动交流。课堂为教师与学生之间、学生与学生之间的互动交流提供了空间。通过提问、讨论和合作学习，学生的参与度和积极性得以增强。最后，即时反馈。教师可以通过观察学生的反应、提问和小测验等方式，及时了解学生的学习情况，进行针对性辅导和调整教学策略。

随着教育改革的深入和信息技术的发展，班级与课堂管理面临新的挑战。首先，个性化教学需求。学生的个性差异越来越明显，传统的教学模式难以满足所有学生的需求。如何实现个性化教学，是班级与课堂管理的重要课题。其次，信息技术应用。信息技术的快速发展为课堂教学带来了新的机遇和挑战。如何有效利用电子设备、网络资源和教育软件，提升课堂教学效果，是教师需要不断探索的方向。再次。教师需要关注学生的心理状态，提供必要的心理支持和辅导。最后，家校合作。家庭教育和学校教育的有效结合，对学生的全面发展至关重要。如何加强家校合作，形成教育合力，是班级与课堂管理需要解决的问题。

学校的班级与课堂是教育的核心，科学的班级与课堂管理不仅能提高教学质量，还能促进学生的全面发展。在未来的教育改革中，如何优化班级与课堂的管理，将继续成为教育工作者关注的焦点。

二、班级与年级

班级和年级是两个重要的组织结构，对学生的学习和成长起着至关重要的作用。班级是学生在学校生活中的基本单位，而年级则是对学生在学习阶段上的一种分类方式。两者密切相关，互相影响，共同构成了学校教育的基本框架。

一个年级通常包含若干个班级，每个班级的学生都处于同一个学习阶段，但在学习能力、兴趣、背景等方面可能存在差异。班级作为年级中的基本单位，班级与年级有机结合，有助于学校实现教育目标。在年级的总体框架下，班级可以灵活调整教学方法和管理策略，以适应学生的个体差异。例如，在同一年级的不同班级中，学校可以根据学生的实际情况，实施分层教学、因材施教，以提高教学效果。

尽管班级和年级在学校教育中发挥着重要作用，但它们的管理也面临一些挑战。首先，班级管理需要平衡个体差异与集体利益。班主任需要关注每个学生的个性化需求，同时确保班级的整体和谐与进步。其次，年级管理需要协调不同班级之间的资源分配和教学进度。随着社会的发展和教育理念的变化,班级和年级的管理模式也需要不断创新。

三、小学班级的价值与意义

小学班级作为学生日常学习和生活的基本单位,具有独特的价值和深远的意义。班级不仅是知识传授的场所,也是学生社会化的重要环境。小学班级为学生提供了一个安全、稳定、互助的学习环境,有助于他们的全面发展和个性培养。

第一,知识与技能的传授。小学阶段是学生接受基础教育的重要时期。班级作为教学的基本单位,通过系统化的课程设置和教学活动,使学生掌握各科基础知识和基本技能。教师在班级中扮演着指导者和引领者的角色,通过科学的教学方法和丰富的教学资源,帮助学生理解和应用所学知识。班级教学不仅限于知识的传授,还包括对学生学习能力和方法的培养。通过课堂教学、课后作业、实验操作等多种形式,教师引导学生养成良好的学习习惯,提高他们的自主学习能力和问题解决能力。这些知识与技能的积累,为学生今后的学习和发展打下坚实的基础。

第二,社会化的初步训练。小学班级是学生社会化的初步训练场所。班级中的人际关系、集体活动、合作学习等,为学生提供了丰富的社会体验。通过与同学的互动,学生学会了如何与人相处、如何合作解决问题、如何处理冲突等,这些都是社会化的重要内容。班级活动,如班会、集体游戏、课外活动等,促进了学生的集体意识和团队精神。学生在活动中学习了责任感、领导力和协作能力,增强了对集体的归属感和认同感。这些社会化技能对于学生未来融入社会、适应社会,具有重要意义。

第三,个性发展的平台。每个学生都有独特的个性和潜力,小学班级为他们提供了展示和发展的平台。在班级中,教师可以根据学生的兴趣和特长,开展个性化的教育和指导,帮助学生发现和发展自己的优势。班级活动的多样性,如文艺表演、体育比赛、手工制作等,为学生提供了展示才华和锻炼能力的机会。教师在班级管理中,还应关注学生的心理健康和情感发展。通过与学生的沟通和交流,教师可以了解学生的心理需求和情感困惑,提供必要的支持和帮助。

第四,学生价值观的培养。小学阶段是学生价值观形成的关键时期。班级作为道德教育的重要场所,通过班主任和任课教师的言传身教,培养学生正确的价值观。班级中的规则和规范,如守时守信、互助友爱、尊师重道等,有助于培养学生良好的行为习惯和道德品质。班级活动中的集体荣誉感教育,激发了学生的集体责任感和使命感。学生在为班级争光、为集体服务的过程中,感受到了集体的温暖和力量,形成了积极向上的人生观和价值观。这种价值观的培养,为学生今后的成长和发展奠定了坚实的基础。

第五,学校管理的基本单位。小学班级是学校管理的重要组成部分。班级管理的有效性,直接关系到学校教育的质量和效果。通过班级管理,学校可以更好地组织教学活动,实施教育计划,监督学生的学习和行为。班主任作为班级管理的核心人物,承担着重要的管理职责。班级管理还包括与家长的沟通和协调。通过家校合作,教师可以了解学生的家庭情况,争取家长的支持和配合,共同促进学生的成长和发展。班级管理的科学化、规范化,有助于提高学校的整体管理水平,提升教育教学质量。

总而言之,小学班级在学生的成长和发展过程中具有重要的意义。通过有效的班级管理和教学活动,班级为学生提供了一个安全、稳定、互助的学习环境,不仅在于当下,更在于为学生未来的学习和生活奠定了良好的基础。

第一章 小学班级管理及其方法

第一节 小学班级管理及其重要性

一、小学班级管理的理论

(一)人本主义理论

人本主义理论在小学班级管理中提供了一个以学生为中心的理念支撑。人本主义理论认为,每个人都具有内在的潜能,这种潜能需要在一个尊重个体价值和尊严的环境中得以充分发挥。在小学班级管理中,教师的角色不仅仅是知识的传递者,更是学生潜能的引导者和激发者。

第一,人本主义理论强调个体自我实现的过程,这对班级管理提出了新的要求。教师应当认识到每个学生都是独特的个体,具有不同的兴趣、能力和需求。因此,班级管理应当注重个性化教育,尊重每个学生的独特性,创造一个能够激发学生内在潜能的学习环境。这可以通过制定个性化的学习计划、提供多样化的学习资源和活动,以及鼓励学生自我表达和自主学习来实现。

第二,人本主义理论强调师生关系的和谐。教师应当以关怀、尊重和理解的态度对待每一个学生,建立起和谐的师生关系。在这样的关系中,学生感受到被尊重和重视,从而增强自信心和自我价值感。这种积极的情感体验有助于学生在学业上取得更好的成绩,同时也促进了他们在社会行为和情感发展方面的成长。在具体的班级管理实践中,教师可以采用一些人本主义的策略。例如,教师可以通过与学生进行开放、真诚的交流,了解他们的兴趣和需求,并在教学活动中给予回应。教师还可以通过积极倾听和反馈,帮助学生发现和发展自己的潜能。同时,教师应当鼓励学生之间的合作与互助,营造互相支持和尊重的班级氛围。

第三,人本主义理论强调自我评价和反思的重要性。在班级管理中,教师可以引导学生进行自我评价,帮助学生认识自己的优点和不足,制定个人成长目标。这不仅有助于学生自我管理能力的提升,还能增强学生的自我效能感和成就动机。

(二)社会学习理论

社会学习理论在小学班级管理中具有重要的应用价值,社会学习理论认为,学习是通过观察和模仿他人的行为来实现的,这一理论强调了环境和社会互动在学习过程中的关键作用。在小学班级管理中,教师可以通过创造积极的学习环境和利用榜样示范来促进学生的社会行为和学习行为的发展。

第一,社会学习理论强调榜样的作用。在班级管理中,教师应当成为学生的榜样,通过自身的行为示范,向学生传递正确的价值观和行为规范。例如,教师可以通过自己遵守课堂规则、积极参与课堂活动、表现出良好的学习态度,来影响学生的行为。此外,教师还可以利用同伴的榜样作用,通过组织小组合作学习、同伴互助等活动,促进学生之间的积极互动和学习交流。

第二,社会学习理论认为学习是一个主动的过程,学生通过观察他人的行为,并根据自己的理解进行内化和应用。因此,教师在班级管理中应当注重为学生提供丰富的学习机会和体验,帮助他们通过实践来巩固和应用所学知识。例如,教师可以设计一些互动性强的课堂活动,如角色扮演、情景模拟、实践操作等,让学生在参与过程中学习和掌握新的知识和技能。

第三,社会学习理论还强调强化在学习过程中的重要作用。教师在班级管理中应当通过正强化和负强化来激励和引导学生的行为。正强化可以通过表扬、奖励、认可等方式来增强学生的积极行为,而负强化则可以通过减少不良行为带来的负面后果来引导学生改正错误行为。例如，当学生表现出良好的学习态度和行为时，教师可以通过给予口头表扬、奖励小红花或加分等进行正强化；当学生出现不遵守课堂规则的行为时，教师可以通过适当的惩戒措施，如减少自由活动时间、暂时剥夺某些特权等来进行负强化。

第四，社会学习理论强调自我效能感的重要性。在班级管理中，教师应当通过鼓励和支持，帮助学生建立自信心和自我效能感。这可以通过设定适当的学习目标、提供具体的反馈和指导、帮助学生克服学习中的困难和挑战来实现。通过这种方式，学生不仅能够提高学习成绩，还能在社会行为和情感发展方面获得积极的成长。

二、小学班级管理的目标

小学班级的一切活动应该在班级管理目标的指导下进行，班级管理工作的规划与运作、班主任解决班级内各种矛盾的方式，以及对班级管理工作的评估，都紧密围绕着班级管理目标展开。因此，班级管理目标可被视为班级管理工作的核心理念和主线。为了准确界定班级管理目标系统，首先需要从理念的角度对其有清晰的认识，然后从实践的角度深入了解并分析班级管理目标在班级活动中的角色和功能。通过这样的方式，可以形成对班级管理目标系统的全面认知。

（一）小学班级管理目标的分类

人在实践活动中都有一定的目标，管理实践活动也应有一定的目标。一个班级中，必然有一个明确的管理目标，这个目标就是把所有学生的智慧与力量转化成一种凝聚力，不仅实现了班级目标而且能促进学生自身的发展。管理目标是指管理系统在一定时期内预期达到的目的和取得的成果。在一定时空范围内，某种管理活动预期要达到的结果，这个结果就构成了该活动中的管理目标。小学班级管理目标，就是在班级领域内，根据具体情况、时间安排，预期班级管理活动要达到的结果或标准状态。小学班级管理目标指明了班级活动的方向以及预期达到的结果。小学班级管理目标是班级管理活动以及班级活动中的一个核心要素，是班级工作的宗旨和主体。依据不同的标准，班级管理目标可以划分为不同的目标类型。

1.根据对象进行分类

小学班级管理目标从对象上分为学生个体目标、学生群体目标和班级目标。

（1）学生个体目标。小学班级管理的学生个体目标指的是按照每个学生各自的需要、兴趣、性格、意志、情感、品德、学习等特点，为实现学生的全面发展或者培养学生创新精神等而制定的目标；个人目标应基于学校目标和班级目标，如此相互之间便会统一，不会产生内耗抵消的情况。

（2）学生群体目标。小学班级管理的学生群体目标是在教育领域中针对学生群体制定的目标，旨在引导学生集体的有序发展。学生群体目标涵盖了多个层面，其中内在与外在目标的设定旨在平衡学生群体的内外特质。内在目标关注学生个体在群体中的发展，强调团队协作、沟通技能等内部素养的培养；而外在目标则考虑学生在社会环境中的表现，包括社会责任感、公共服务等外部表现的培养。自愿与非自愿目标的规定强调了学生在实现群体目标时的主动性和被动性。通过鼓励学生自愿参与共同目标的制定和实现，培养了学生的领导才能和自主学习的能力。同时，对于一些可能涉及非自愿参与的情形，也需考虑如何在群体中促使学生保持目标的稳定性。在目标设定的过程中，现实与非现实目标的区分有助于学生更好地理解和应对实际挑战。此外，对于长期与短期目标的充分考虑有助于学生群体规划未来的发展方向。通过明确学生群体目标，促使学生形成紧密的团队协作，实现全体学生的共同成长和成功，构建有序的学术环境，这种学术化的目标设定不仅有助于培养学生的团队协作意识，同时有助于学生群体内部建立起共同的学术精神纽带，推动整个学校教育事业稳健前行。

（3）班级目标。小学班级管理的班级目标旨在在一定时期内实现整体的协同努力，以达到共同追求的状态或标准，这包括班级内各方面的共同努力，如促进同学间的友谊、提高集体活动的积极性、确保班级内部和谐相处等。班级目标包括加强学生间的沟通与合作,培养集体凝聚力。通过明确班级目标,班级能够形成紧密的团队协作,激发学生的集体荣誉感,进而在班级整体氛围中创造出更加积极向上的学习和生活环境,这种共同奋斗的精神不仅有助于提升班级整体的影响力,也为学生提供了一个共同成长、互相支持的社交平台。

2.根据内容进行分类

小学班级管理目标从内容上分为学习目标、德育目标、常规目标等。

(1)学习目标。小学班级管理的学习目标是在一定时期内,学生或整个班级所力争达到的成绩或学习能力的期望结果。学习目标旨在引导学生在学习中取得积极的发展,同时构建具有良好学习氛围的班级环境。具体来说,学生在这一过程中应致力于培养良好的学习习惯,体现为对学习的积极认同和对知识的渴求。学生应该能够明确个人学习目标,清晰了解自己在学习上的追求,以便有目标地朝着学习目标前进。此外,学习目标也包括培养学生具备一定的自学能力,这意味着学生在学习任务中能够独立思考、寻找解决问题的方法,并有效地运用学到的知识,这种自学能力的培养不仅有助于提高学生的学业水平,还为其未来的学习和生活奠定坚实的基础。

(2)德育目标。小学班级管理的德育目标涵盖了在一定时期内,学生或整个班级在道德方面所应达到的状态和行为规范,这些目标旨在培养学生良好的品德和价值观,构建积极向上的班级德育氛围。具体而言,德育目标包括遵守学校规章制度,要求学生在学校生活中严格遵循相关规定,培养学生对法规秩序的尊重和遵从,从而形成良好的行为习惯。德育目标还涵盖了学生热爱班集体的期望。通过引导学生对班级的热爱和认同,促使他们形成团队协作的精神,建立起班级集体的凝聚力和归属感,这有助于培养学生的社交技能和团队协作意识,为其未来的人际关系和社交发展打下坚实基础。此外,德育目标还包括学生之间的互帮互助。班级管理旨在培养学生对他人的关心和支持,倡导学生之间形成良好的互助关系,这样的目标有助于培养学生的同理心和合作精神,提高他们的社交技能,使学生在共同学习和生活中能够相互尊重、互相关爱。

(3)常规目标。小学班级管理的常规目标着眼于学生在一定时期内能够达到学校或班级制定的规章制度目标,这类目标旨在引导学生形成规范的行为习惯,建立积极的学习和生活秩序,为班级创造积极的学习氛围。具体而言,这些目标涉及学生在学校日常生活中的各个方面,包括但不限于课堂纪律、学校活动参与、作业完成和学习态度等。首要的是学生在学习过程中要遵守学校规章制度,这包括课堂纪律的维护,要求学生按时上课、专心听讲,以及在学校活动中遵守秩序。此外,常规目标还包括学生对作业的认真完成和学习态度的端正。学生应该在规定的时间内完成作业,同时在学习中保持积极的态度,勤奋学习,培养自主学习的习惯,这有助于提高学生的学习效果。

3.根据时间进行分类

小学班级管理目标从时间上分为长期目标、中期目标与短期目标。

(1)长期目标。小学班级管理的长期目标应该以整体为出发点,从更长远的视角着眼于班级管理活动所期望达到的效果或状态,这包括在德、智、体、美、劳方面,促使全班学生实现全面发展,培养学生具备良好品德、卓越智慧和健康体魄。通过设定长期目标,班级能够更好地规划和引领学生的成长轨迹,使其在学习上取得更大的进步。同时,长期目标还涉及创造性地建设班级,这包括鼓励学生在班级内发挥自己的特长,促进形成共创、共学、共享的班级氛围。

(2)中期目标。小学班级管理的中期目标可被理解为一个学年或半个学年的奋斗目标,其目的在于指导和规划班级在这段时间内的活动,以实现长期目标。中期目标承上启下,是短期和长期目标之间的关键桥梁,既总结了短期目标的实现情况,又为长期目标的顺利实现提供了引导和方向。在中期目标的制定中,班级管理活动要明确在一学年或半个学年内应该取得的具体效果,这可能涉及学生学习水平的提升、班级凝聚力的增强、团队协作技能的培养等方面。通过设定中期目标,班级能够更加有针对性地进行管理和引导,确保班级在较短时间内稳步前进,为实现长期目标奠定基础。

(3)短期目标。小学班级管理的短期目标是时间跨度最短的目标,旨在为实现更广泛的长期目标和中期目标奠定坚实基础,这类目标通常关注班级内部近期需要解决或改进的问题,为班级在较短时间内取得实质性进展提供具体的方向和行动计划。在短期目标的制定中,班级可能会设定一些具体的任务,如提高学生在某一科目的平均成绩、改进特定的学习方法、加强课堂纪律等,这些目标的完成能够迅速产生积极的影响,同时也能为班级长远发展奠定基础。

(二)小学班级管理目标的功能

1.导向功能

小学班级管理目标一定要体现学校、社会对学生的基本要求,符合社会发展的方向,为班级所有成员指明方向。班级管理目标的导向功能是选择、寻找和达到目标的过程。行为科学中的"目标导向理论"认为,只要进入目标行动,必须通过目标导向,两者循环交替,逐步深入。小学班级管理目标体现社会或者是教育方针的要求,班级活动在班级管理目标的引导下,以一定社会对学生的要求具体化为学生的努力方向,培养满足社会需求的高素质学生。

小学班级管理应基于学校目标,进而制定班级内部的管理目标,以符合学校的教育要求。目标的导向功能,要求班级管理目标应具有正确性和明确性。班级管理目标的制定,对于学校、班主任进一步开展相关工作,以及学生在成长的过程中有着重要的作用。

2.激励功能

激励功能主要体现在三个方面:首先,对小学生而言,一个切实可行、行之有效的奋斗目标,可以吸引、鼓舞和推动他们为实现目标而努力,从而使班级工作顺利开展,学生自身得到发展。其次,对小学班主任而言,目标可以提高他们管理的自觉性,激励他们追求班级管理工作的最大化效益。最后，对整个小学班级而言，通过实现班级管理目标，提高班级之间的竞争力，班级之间的竞争就是“目标”之间的竞争。

实现小学班级管理目标是一个不断演变的过程，其成功依赖于班级成员之间的积极协作，这种积极性主要受到目标本身吸引力的影响。当班级成员将班级管理目标视为满足个人需求的一部分时，这些目标就具备了激发积极性的功能。在管理的执行过程中，班级成员逐渐培养了对目标的责任感和对整个过程的主动参与意识，这种积极参与态度不仅提升了班级成员的动力，也塑造了他们对班级管理任务的共同责任感，使得目标的实现更加顺利。同时，动态过程不仅促进了班级成员之间的团队协作，还培养了每个成员在班级发展中的积极主动角色。

3.驱动功能

当小学班班级管理目标一旦成为班级所有成员的共同认识并化为他们的自我需要时，目标就成了努力的方向。因此，班级管理目标会成为一种驱动力量，这种驱动力量既是一种外在的驱动，又是一种内在的驱动力量。班级管理目标化为自身的一种需要，使学生从“目标”中看到自己的不足。班级管理目标是班级工作的进取方向和学生成长的标尺；学生从“目标”明确班级、学校、社会的各种要求，从而推动他们积极进取，并化为他们健康和谐成长的各种具体活动。小学班级管理如果没有正确且明确的目标，就没有实际有效的班级活动。一个班集体，目标的确定只是第一步，还必须有实现目标的驱动力，这样才能实现目标。

4.评价功能

班级管理目标的实现过程是不断“评价”的过程。首先，在目标实现的过程中，对所完成的工作量以及质量的评估必须以设定的目标为依据进行，这意味着评价的标准应当与既定目标相一致，以客观衡量实现进展的有效性。其次，在师生共同追求目标的各项活动中，需要通过评价来激励积极表现并进行必要的调整。评价的过程既是对已完成工作的认可，也是在未来活动中进行改进的依据。最后,全班师生在实现目标的过程中,通过不断进行评价来判断实际进展与既定目标之间的距离。班级管理的目标任务是制定和应用评价标准,标志着评价在此过程中的重要性。因此,这一目标不仅是对实际成就的追求,也代表了对评价在班级管理中的深刻意义的认识。

班级管理目标的评价作用体现在对班级工作各个方面的评价,如评价优秀班集体,教师的教学质量、班风等各个方面。学校在考察班级的相关工作时,应把班级的管理目标作为基本标准。在学校或学生评价班主任的相关工作时,也可以将班级的管理目标作为基本标准,班级管理目标的评价功能贯穿于整个班级管理过程中。

(三)小学班级管理目标的制定

小学班级管理目标在班级及其相关管理工作中扮演重要角色,成为主要的组成部分。在某种程度上,确立适当的班级管理目标意味着班级管理活动成功的一大步。小学班级管理目标的科学制定要考虑到班级的特定情况和需求,以确保其在班级活动及管理实践中的实际可行性和有效性。制定正确而明确的目标将有助于引导和规范班级管理活动,使其朝着预期的方向稳步发展。因此,班级管理目标的合理设计既是对班级整体发展的战略规划,也是对管理活动成功实施的基础保障,这样的目标不仅是管理工作的指导原则,更是班级取得成功的重要条件。

1.班级管理目标制定的环节

目标的制定不是随意的,在制定之前,要有一系列的准备工作,包括思想上的准备和行动上的准备。思想上的准备是制定者在头脑中形成的一套关于如何制定、怎样制定的方案和规划,就相当于建筑师在建筑前的蓝图;行动上的准备是思想上准备的具体实施,如通过简要的调查来分析班级现状、了解学生情况等,从而使得制定出的班级管理目标符合本班级的实际情况,也更加具有针对性和适用性。

(1)分析班级现状。小学教师无论是刚刚接手一个新的班级、需要规划班级管理目标，还是在已经带班一段时间后，需要在一定基础上调整和修改原有的班级管理目标，首要任务是对班级的现状进行全面分析。对于新接手的班级，初步了解班级情况是必不可少的。另外，根据以往的带班经验，制定出一个更加符合班级发展需求的管理目标。通过对班级现状的深入分析，教师能够心中有数，为班级管理目标的设计奠定坚实基础，确保目标的科学性和可行性，这种系统的分析和经验的结合将有助于确保管理目标的贴近实际，推动班级朝着更加有利于全体学生发展的方向前进。

(2)了解学生的实际想法。经过多角度的调查，开展班级相关管理工作的基础便是掌握学生的实际想法，由于师生之间不可避免地会有年龄差，教师的想法不能代表学生的想法，不对学生进行调查了解而贸然实施教育管理，是不会取得好的效果的。

2.小学班级管理目标的制定原则

(1)参与性原则。参与性不仅是小学班级管理目标制定过程中一个必要的环节，同时也是应遵循的基本原则之一。集体的目标要由班主任与学生共同制定。很多班主任在制定班级目标的时候，都是一人做主、一锤定音，这显然与班级管理的人本主义价值观相悖，与当今社会倡导的人本主义发展理念相悖。在倡导学生个性发展的新课程理念的指导之下，学生其实也有表现自我、参与管理的渴望，渴望自己的才能得到施展，能力得到锻炼，个人价值得以实现。所以，班主任在制定班级管理目标的过程中，应与学生积极沟通，让学生畅所欲言，进而达成一定的共识。

(2)发展性原则。所谓的发展性原则，即小学班级管理目标的确定必须以促进学生的全面发展为目标，强调对学生发展的促进作用。每位班主任都应明确一点：学生并非为了班级而存在，而是班级存在于促进学生发展的使命之中。发展性原则所体现的班级管理目标，应当能够真实反映创造出有助于学生发展的班级氛围的要求，并展现出对班级中每个学生发展的积极促进要求，这种原则意味着目标的确立应当是全面的，旨在使学生全方面发展，以使学生能够在积极的班级环境中茁壮成长。因此，发展性原则不仅关注班级整体的发展，更强调每个学生个体的全面发展，确保班级目标真正服务于学生的成长与进步。

(3)激励性原则。目标是具有一定的激励作用的。激励即指目标制定后，能够凝聚班级的力量，指引着班级成员共同奋进，成为大家学习的动力之源。要使制定出的班级目标具有激励性，就要求目标的设置有一个合理的定位，既不保守又不冒进，既不能低估学生的能力，把目标定位得过低，又不能盲目乐观，过高估计学生水平，制定出不符合实际的目标。把目标定位得恰到好处，即目前还没有达到的水平，但是只需在自己的努力和教师的帮助下就能实现。在任务有一定的难度和挑战性，但又不是非常难以达到的情况下，最能激发学生的动机。

3.小学班级管理目标制定的具体化

班级管理目标制定的具体化是指为了进一步实现班级管理的可控性，可以将管理目标分别置于管理的各种程序中，从而更有效地实现班级管理的一种方法和手段，是真正达到班级管理目标的保证。

小学班级管理工作涉及众多零散而琐碎的任务。正是这些分散的小任务的有机连接，共同构成了班级管理工作的整体体系。为了确保班级管理工作的具体执行，首先需要将设定的班级总体管理目标分解并贯彻到各个具体环节中。以班级常规管理为例，涵盖出勤、早读、早操、眼保健操、卫生环境、收发作业等多个方面。在每一个环节，教师可以提出相应要求，同时学生之间也需相互监督，以确保各项任务的顺利完成，从而完成每日的常规管理工作。对于学生学习的管理，涉及按时完成作业、及时复习、提前预习等方面。教师可以就每个环节提出具体要求，例如通过家长签字或短信汇报学生学习情况，以及在课前通过提问检查学生复习和预习情况等手段来促使学生完成学习任务。

班级管理目标的具体化，必然要牵涉许多措施、制度的建立，因此，需要注意以下方面：首先，“有好处”。在把目标细化并落实到不同的学生身上时，必须让学生明白，所有的做法都是为了大家好，是为了整个集体好，而且通过大家的一致努力,肯定会为班级带来进步和荣誉,这样才能充分调动每个班级成员的积极性。其次,“有根据”。有根据即具体化后的措施,必须与一定的教育教学原理和原则相符合,尤其是要避免与有关法规相抵触,以避免执行中出现麻烦。最后,“有尺度”。有尺度即具体化后的措施要有层次性,这样才能达到渐进性育人的效果。

(四)小学班级管理目标的实施

小学班级管理目标的实施是指根据制定的班级管理目标,来完成班级管理的任务。班级内的所有成员,可以自主地承担相应的任务,实现班级管理目标。班级目标的有效实施从静态的角度来看,应由教师进行指引,保障组织的完整性;以动态的视角,也就是班级管理目标的运行情况来看,需要一定的协调“艺术”与奖惩手段。

1.小学班级管理目标的实施组织

(1)小学班级组织结构设立。班级管理目标的有效运行不仅需要教师的正确引导,更重要的是要形成学生自主管理的体系和氛围。因为班级是学生成长的摇篮,组建一个团结向上的班干部队伍是实现班级管理目标的关键。班干部队伍是班级的管理核心,是学生的榜样,是班主任开展工作的得力助手。合理、民主、具有凝聚力的班级组织结构对班级管理目标的实施起着关键性的作用。

在班级管理目标的实施中,班级组织结构可以采用各种创新形式,目前存在多种类型的班级组织结构,这包括轮流“执政”的班委制度、设立值日班长和值周班长等。在这些组织结构中,每个班级成员几乎都拥有自己的“职权”,形成了一个合理而富有活力的组织机制,这样的班级组织结构为每个学生提供了充分的锻炼机会,使每个成员的注意力集中在完成班级各项具体任务上。在这种组织结构中,班级内部形成了人人有事干、事事有人管、事得其人、人得其所的局面,这样的组织结构促使班级呈现出富有个性、充满创意、共同协作的集体氛围。

实施小学班级管理目标时，不仅要构建一个积极向上的班干部团队，还要让其他成员积极地参与进来，进而构建出和谐、统一的班级组织，营造学生自主管理的氛围，使每个学生认识到班级管理目标的实现需要自己的参与和支持。

（2）班集体的组建。一定班级组织结构的形成，可以为进一步实现班级管理目标提供保障。与此同时，也要积极调动班级内所有学生的积极性，确保每位学生均可以参与到班级的管理中来，班级管理目标“内化”为学生的具体行为目标，目标的明确、机构的设置、规范的建立，这是班级组织的初建阶段；目标逐步为组织成员普遍接受、组织机构能有效运作、组织任务能基本完成并向着自身的目标不断前行，这便是班级组织的发展阶段；当组织的目标成为广大成员主动追寻的目标，可见，成员已经接受了组织的规范化，也形成了固定的、特有的氛围，成员间有着强烈的凝聚力，组织目标的达成有充分的保障，这是组织发展的高级阶段，即集体的阶段。

一个优秀的小学班级集体有助于提高集体的凝聚力和向心力，激发学生参与活动的积极性，进而有利于实现班级管理目标。反之亦然，一个明确的班级管理目标能够更好地激发整个班级学生参与学习和活动的积极性，推动学生全面发展，形成一个更为强大的班级集体。

2.小学班级管理目标的实施指导

小学班主任既是班集体的组织者、管教者，又是指导者、联系者和参与者。在实现班级管理目标的过程中要充分发挥其指导、协调的作用。首先，依据全班学生的心理、生理年龄特点和学习情况，制定出切合全班实际的管理目标；其次，围绕班级目标，指导学生制定出与自身情况相符合，又与班级目标相配套的个人目标；最后，班主任可以按照目标的具体内容以及学生间的现实情形提出有效措施，进而鼓励学生实现个人与班级的双重目标。

小学班级管理目标的实施过程中应充分发挥班主任的协调作用，并且注意由直接指挥、控制转化为间接指挥与控制，从而做好为学生提供各种信息咨询指导以及协调平衡的工作。班主任要协调学生和任课教师之间的关系，协调好学生与学生之间的关系等，同时班主任还要发挥桥梁作用，使学校、家庭、社会密切配合形成一股合力组成统一的教育力量向班级管理目标的方向前进。

3.小学班级管理目标的实施艺术

(1)班级管理目标系统的协调统一。在实现班级管理目标的过程中，尤其要处理好学校、班级、学生个体目标的关系。班级管理目标系统的协调统一指的是班级管理目标是依据学校发展目标而制定，符合学生的个体学生目标，目标之间达到了协调。

(2)激励措施的实施。如何使这种协调统一的管理目标系统维持下去，这就需要激发学生对实施班级管理目标系统的积极性，使学生能积极参与和支持班级管理目标的实施。在实施激励措施时应注意以下三个方面：一是对班级不同学生实现各自层次目标的程度给予合理的价值判断。二是实施激励手段要及时。在学生成功实现特定目标后，应及时给予奖励。及时的奖励不仅能够帮助学生有成就感，还有助于他们对未来学习生活充满信心。若未能及时给予奖励，可能导致学生失去动力，感觉自己的努力未得到认可，由此可能导致自信心的丧失。三是对学生作出全面的评价。人的智能包括：语言智能、音乐智能、数理逻辑智能、空间智能、身体运动智能、自我认知智能和人际交往智能等。每一种智能都是相对独立地存在着，具有其独特的价值。但是这七种智能，不是平均分布在每个学生身上的，每个人都有自身的弱点。因此，对每一个学生的评价，应当关注其个性的发展，积极挖掘每个学生的潜能，而不是以统一的标准要求每一位学生。

4.小学班级管理目标的实施执行

(1)小学班级管理目标实施中矛盾冲突。班级管理目标系统内部除了协调之外也存在着一定的矛盾冲突。在班级管理目标与学校发展目标不一致的情况下，班级的努力就可能被整体削弱，达不到应有的效果，班级和学校的发展都会受到影响。若班级目标强势发展，可能严重地干扰学校的目标。主要体现为班级目标高于学校管理目标、班级目标低于学校管理目标两种情况。学生个体目标是班级目标的基础，班级目标是学生个体目标的集中反映。由于学生的先天素质、生活环境、教育基础各不相同，其不同的性格特点、兴趣爱好、思想品德、知识能力、身体状况、生活习惯等，导致在班级中有可能存在个人目标与班级目标不一致的情况。

(2)班级管理目标的协调。班级管理目标系统内部存在矛盾冲突，这就要求我们用一定的方式进行调节，确保班级管理目标实现。一是在实现班级管理目标的过程中，严格的纪律和规章制度是必不可少的。班主任需要根据班级的实际情况制定具体的规章制度，以确保学生有明确的行为准则。规章制度的管理和纪律的执行应当保持一致，所有成员都应无条件地遵守班级的纪律和规章制度，这样有助于确保班级管理目标的有序推进，并促使学生在规范的环境中有更好的学习和成长体验。二是采取量化措施与质性措施，使全班学生的行动有针对性，有据可依。目标在实施过程中应分阶段按要求进行量的分析，可以设置详细的规范标准与评价要求，比如活动组织率、体能达标率、出勤率以及考试及格率等。

三、小学班级管理的类型

(一)活泼型的班级管理

富有活力的班级通常表现出学生较为胆大，具备强烈的口头表达、思维和创新能力。在课堂上，他们倾向于积极提问、大胆质疑，有时会给教师带来未曾预料的教学挑战，这些学生一般强调自身表现，追求证明自己的卓越之处。活泼、开朗和精力旺盛是这一群体的主要特点。对于这样的班级，最为适宜的方法是为学生开拓视野，引导他们参与校内外的各类团队和小组活动。例如，组织学生进行假期义卖活动、春节期间为车站送贺卡、利用环保回收资金进行爱心传递等。通过积极响应上级组织的号召，学生得以拓宽视野，及时引导学生培养自我反思、自我认知和自我发展的能力，以追求更充实的人生。

(二)自由型的班级管理

自由型的班级管理展现出一系列鲜明的特点,其中一项显著特征是纪律较为散漫。在这样的班级中,学生通常享有相对较大的自主权,管理注重激发学生的主动性和创造性。由于侧重于个体发展和兴趣培养,这种管理风格可能导致班级纪律相对较为松散。学生在这种环境中更加自由表达自己的特长和兴趣,教育注重引导而非强制,这种管理方式旨在激发学生对学习的积极性,鼓励他们主动参与班级事务。需要注意的是,纪律散漫也会带来一些挑战,需要谨慎处理。为了维护良好的教学秩序和学习氛围,教师需要在自由的基础上设定一定的框架和规范,以确保学生在自主发展的同时,也能够保持整体的学习纪律,这样的管理模式在注重个体差异和独立性培养的同时,也需要教师在引导中保持适度的指导,以实现理想的教学效果。

(三)服从型的班级管理

在服从型班级中,引导学生唤起独立自主的觉察、培养自信心以及激发敢于超越的精神至关重要,这一过程旨在激发学生内在的潜能和活力,为其全面发展奠定基础。教师在此扮演着关键角色,需要以真挚的态度与学生互动,通过激情的引导点燃学生内心深处的热情。在这样的班级环境中,学生蕴含着较大的能量。教师应当通过细微的关怀和有效的引导,激发学生的内在动力,让其逐步认识到自身的独特价值和潜力。培养学生独立思考和主动学习的能力,使他们敢于面对挑战、勇往直前。

四、小学班级管理的特征

(一)小学班级管理的科学性特征

小学班级管理的科学性特征指向的是“法”的管理。班级管理要有法治观念,所谓法治是相对于人治而言的,法治是指在管理中依靠规章制度来管理人,班级的法治管理,就是依据班级的相关章程来开展管理工作,这对于班集体的发展与成长是有益的，同时也增强了学生的法治意识。

1.小学班级规章制度

一个班级是由许多个性不同、背景不同的学生组成的，要想把班级建设成一个有利于学生成长和发展的集体，必须让规则先行。班主任要重视班级管理中规章制度的建立和执行，从而体现班级管理的制度性。

通过制定和实施规章制度来管理班级，旨在建立完善的制度体系，执行有效的管理措施，以确保班级群体和个体的健康成长，并保障班级机构的高效运作。班级规章制度是班级规范体系中的严格而系统的书面法规，其制定应既符合国家教育方针政策和法律法规的要求，同时也考虑到学校管理规定和班级实际情况。具体而言，制定班级规章制度涉及依据国家教育方针政策和法律法规要求。一方面，依据学校管理规定和班级实际情况；另一方面，同时包括涵盖请假制度、考核制度、奖惩制度、课堂规则、作业规则等常用的班级管理规定，以及班级自行制定的具体制度。

从内容来看，班级规章制度主要有四个类别：①职责类制度，它是班级各类管理人员的岗位制，也是班级管理中最基本的制度；②常规类制度，一般是根据班级师生在班级内外活动场所而制定的日常行为规范和学习、工作、生活准则；③考核类制度，如综合测评制度等；④奖惩类制度。总而言之，班级的规章制度是一个系统工程，它涉及班级管理的方方面面。

2.小学班级行为公约

班级行为公约是组织和建设班集体的重要手段。班级行为公约可以有效地约束学生的日常行为，使学生养成良好的学习习惯和行为习惯。教师必须强调学生要了解的内容包括：①共享的权利；②为保证享有权利，需要承担的责任和义务；③班级群体需遵循的规则（规则能够保护学生享有的权利，同时又突显责任的重要性）；④选择某种行为就要承担相应的结果；⑤如何相互帮助，在这里要说明如何帮助学生制定个体行为计划。

在小学教育中，教师的角色不仅仅是传授知识，还包括引导学生培养良好的学习和行为习惯。为了营造积极的班级氛围，小学教师需要明确并实施制定班级行为公约的重要步骤，以促进学生的全面发展。

(1)增强意识是制定班级行为公约的第一步。教师应与全班学生共同商讨与学习行为及其效果相关的事项，通过邀请学生参与合作并提供支持，形成初步的方案，这有助于建立班级共识，确保制定的班级行为公约符合全体学生的期望和需求。

(2)强调权利与责任相统一是制定班级行为公约的关键。在权利方面，教师需强调个人和小组的基本权利，突出班级所重视的权利。在责任方面，需要规划并讨论班级成员所应承担的一般性责任和特定责任，以确保学生在享有权利的同时也承担相应的责任。

(3)制定规则。通过全班商讨，教师与学生一同确定班级重要的学习和行为规则，细致讨论权利的保障，包括但不限于尊重(平等对待)、学习、沟通交流、参与活动、确保安全、平息矛盾等方面，这样的规则制定有助于明确班级的行为准则，为整体管理提供了依据。

(4)涉及后果的考虑。学生应意识到，他们对自己的行为后果负有责任，并要关注其他同学的权利，这有助于学生形成自律的意识，同时也促使他们对班级内部的互动产生积极影响。

(5)提供支持是制定班级行为公约的最后一步。教师需要为学生行为的改变提供全方位的支持，包括制定个人行为计划、组织班会、实施补偿措施等，这种支持不仅有助于学生纠正不良行为，还促进了班级内部的和谐发展。

需要注意的是，小学班级行为公约是以师生一起讨论的结果为基础的，这意味着教师应认真严谨地面对学生的想法与观念。班级行为公约发布后就成为师生对话、行为管理、解决矛盾纠纷和修复重建班级的依据，这让学生的表现和行为更有章可循，教师也可以适时提供行为矫正的帮助。

班级行为公约是维护班级信用的制度建设，涵盖了文明素质、学习规则、考勤规则、卫生制度等多方面。班级行为公约一经确认并通过了全班同学的表决同意，那么就有了一定的权威性，它是成员内部的一种行为规则，同时也可以实现班级内的互相监督。班级行为公约的表达用语应尽量简明扼要、容易记忆。

总而言之，教师在与学生共同商讨班级行为公约时，一方面要让学生明白权利和责任是密不可分的，相应的权利需要承担相应的责任；另一方面在制定班级行为公约时，约定的数量要适中，要尽量做到班规联结校规，尽可能简单，使用积极语言和消极语言表述规范时尽可能保持均衡。

3.小学班级制度文化

在班级管理的过程中，班主任应强调以法治班的制度意识，并注重构建班级法治文化体系。班级的制度意识主要包括在班级管理过程中逐渐形成的各项规范与制度，这些规范与制度具有一定的社会性、人文性以及伦理性，是全体成员都应该遵守的行为准则。具体而言，这包括学生平时的行为规范、班级行为公约、奖惩制度、值日排序、考勤制度等方面的规定。班级制度文化的构建离不开国家教育政策和各种法律规章作为前提条件，这一文化是社会道德观、行为规范以及学生在平时学习与生活中的实际表现，也是全体班级成员共同认同并愿意遵循的标准。班主任应当积极引导学生理解并接受班级制度的合理性，促使学生自觉遵守制度规定，形成共同的价值观和行为准则。

小学班级规范除了要遵循教育方针政策和学生守则之外，也会融入班主任的教育理念和教育思想。班主任的理论素养、对教育问题的理解和把握都会渗透到班级的规章制度建设之中，从而形成自己班级的特色和班级特征。一个班级要形成良好的班风，必须依靠一定的规则来调控和维持。在班级管理过程中，通过制定和完善班级制度，赋予班级特定的教育价值取向，可以对学生的思想观念起到导向作用。班规可分为强制性规范和非强制性规范。强制性规范表现为班级规章制度，它是硬性规定的，需要全班同学共同遵守，以确保班级工作的顺利进行，如日常行为规范中的值日制度、奖惩制度、考勤制度等。非强制性规范主要指班级规章制度内化为学生的行为表现,是学生内在的价值观同集体的观念发生的统一结合。学生的外在行为可以通过班级的制度进行约束,虽然它并非一定会成为学生内在的思想,但是可以促进学生形成优秀的习惯。班级制度文化的建设要通过制度的宣传和学习来教化学生,以培养学生的规则意识为目的。

(二)小学班级管理的人性化特征

小学班级管理的人性化特征指向的是“情”的管理。“情”的管理,简单而言,就是班级管理是基于人性来设计和实施的。不可否认的事实是,班级中每一个学生都是具有不同个性特征、不同需求的人,他们都是带着感情生活在班集体中的。因此,班级管理必须立足于班级学生个体和群体的特征、发展需要、个性特征等心理需求,在此基础上来设计和实施有效的管理。情的管理不是为了压制人的需要、制约人的发展,它是为了尊重人的个性和情感,满足人的发展需要,它突出体现了“以人为本”的管理理念,体现了“以学生为本”“以学生发展为本”的教育思想。

总而言之,在小学阶段,班主任坚持以学生为本,不断调整班级管理模式及方法,不仅可以端正学生的学习态度,为学生习得知识提供支持,而且会对学生未来的发展、行为习惯的养成产生深远影响。

1.最大限度发挥学生的潜能

人性本善和人性本恶是两大人性假设。组织行为理论方面,主张以情作为基础进行管理,是在人性本善的前提下进行设计与管理的。对于小学班级管理而言,学生的成长和发展充满着各种各样的潜能,学生的发展具有一定的不确定性,所以班级的管理要以“人性本善”为前提,即学生都是善良的人,学生都是追求上进的人,在条件容许的情况下,学生都应得到鼓励,进而发展成为社会有用之人。

情感管理是强调满足小学生心理需求的一种管理方式。在班级管理中,应考虑符合学生个体发展和整体群体发展的原则,以激发学生的心理满足感和成就感。班级管理需要同时关注班级作为一个整体群体的需求,以及面对众多不同个体学生的需求。如何在满足这些需求的同时平衡不同个体之间以及个体与群体之间的关系，是班主任面临的一项重要挑战。

2.有效调动小学生的积极性

积极性就是人们从事某项活动的意愿及行为准备，即认识的活跃程度、情感的兴奋水平和意志的努力程度。一个人对某一事物具有积极性，意味着对该事物关心、敏感，看得多、想得多，情绪热烈；反之，如果一个人对某一事物缺乏积极性，就反应冷淡、迟钝，心情涣散。

（1）小学班级管理中积极性的心理因素。在小学班级管理中，影响学生工作或学习积极性的具体心理因素主要涵盖四个方面：①动机，即学生进行学习的原因，包括学习的紧迫性和实现目标的渴望程度；②学习目标，指学生对工作或学习所期望达到的结果的设想水平和标准，这反映了学生对于学习成果的期望程度；③学习情感，即学生对学习的兴趣程度以及情感兴奋的水平，这体现了学生对学习过程中的情感体验；④学习意志，指学生在学习中是否具备专心致志、克服困难的决心和毅力，这方面的因素影响着学生是否能够持续保持学习的积极性，这些心理因素共同作用，塑造了学生在学习中的态度和行为。因此，班主任需要综合考虑这些方面的心理因素，以促使学生在学业上充满动力、设立高标准的目标、对学习充满兴趣并保持坚定的意志力，这样的管理方法有助于创造一个积极向上、充满学习热情的班级氛围。

上述四个因素有机地结合在一起，构成了学习积极性的内容，决定着学生的工作或学习的行为状况。因此，可以从学生的行为表现来推测积极性的高低。学生工作或学习积极性的具体表现为：工作或学习的主动程度、负责程度、创新表现和干劲的持久程度。例如，评价班长对班级工作的积极性高低，教师可以看平时班长对班级事务是否主动、负责，对班级工作是否有不同的想法和措施，对工作是否能保持较为长久的热情等。评价一个学生对学习是否积极和主动也可以通过观察他对所学科目投入的精力、时间、作业完成情况等。总而言之，在班级管理过程中，教师要使学生充分发挥主观能动性,调动学生的积极性和主动性参与到班级管理中。

(2)小学班级管理中调动学生积极性的方法。学生的积极性的变化主要是由需要、认识和环境的变化引起的。教师要了解学生的需要,掌握学生的思想认识,了解周围环境的变化,从而有针对性地调动学生的积极性和充分性。

第一,教师要善于激励学生,良好的激励可以使学生保持较为持久的动力。所谓良好的激励,就是一定要能唤起学生内在的需求和欲望。一个人或一个群体对某项活动有无行为动力取决于两个因素:目标的价值和实现这一目标的可能性。如果某项活动的目标对他来说很有价值,诱惑力强,值得为此而奋斗,他的动力就强,如考大学等;反之,则弱,或没有动力。但仅仅有价值还不够,如果实现的可能性为零,价值再大也毫无动力可言,从而选择放弃。因此,要激发学生的学习动力,必须处理好这两者的关系,千万不能使任何一方为零。学生学习动力取决于实现目标的价值评判,学习目标的价值越大,动力越大;反之,则动力越小。学习动力还取决于实现目标的可能性的大小,可能性越大,动力越足;可能性越小,动力则越小。

第二,制定良好的目标,鼓舞士气。良好目标的特点:目标应具体、明确;目标应是可衡量的;目标应有明确的时间规定;目标既要切实可行,又应具有挑战性良好的目标,可以在班级中营造积极的心理态势,鼓舞士气。因此,从教师的个体视角来看,实施情感管理的有效手段包括对以下六个方面的深刻理解:①教师须具备充分的人情味,这是源自对人性深层次的浓厚关爱,广泛的人文关怀是教师对待班级学生公正无私的基石;②教师在对学生实施严格管理时,必须以学生的长远利益和根本利益为出发点,而非为了给其他学生树立榜样,以确保管理的合理性和有效性;③教师须具备奉献精神,超越琐碎的得失计较;④教师在与学生互动时,应尽量采用温和的疏导、沟通和交流方式,将理性的论述和情感的引导相结合;⑤教师对学生的深厚关爱、严格管理和无私奉献,应是深思熟虑、理性规划的行为,而非冲动和感情用事的表现;⑥教师在对待学生行为时,应以变化中的现实为依据,实事求是,具体问题具体分析,确保教育的爱、管理和奉献具有针对性。

3.鼓励小学生追求自我实现

马斯洛的需要层次理论,把人们的需要归结为五类:生理需要、安全需要、爱和归属的需要、尊重需要和自我实现的需要。人的需要是呈层次性的,一般可以分为基本需要和发展需要,呈金字塔,塔的最低处是人的基本需要,包括生理需要与安全需要。发展的需要则涵盖了爱和归属的需要、尊重的需要,以及实现自我实现的需要,它们是人们的较高层次的需要。同时,人们在不同时期有不同的需要,只有在最基本的需要(也称为较低层次的需要)得到了满足之后,才能激发人们去追求更高层次的需要,也就是发展需要。因此,基本需要是基础,发展需要是人们在基本需要满足后的欲望和追求,所以,通过马斯洛的需要理论,可以得出的启示是:管理小学班级的过程中,要充分尊重学生的个性需求,尽可能满足学生的不同层次的需要。

在小学班级管理的过程中,首先,教师需要满足学生的基本需要。例如,教室的布置应该保持通风透气、干净舒适,满足学生的生理需要是最基本也是最为明显的一项。同时,班级应提供基本的安全感,确保学生不受到威胁和欺凌,从而保障他们的人身安全。其次,教师要努力构建一个良好的班级集体。班级成员应具备好学上进、团结合作、和睦相处的品质,以满足学生的安全需要、爱和归属的需要。通过培养这种良好的班级氛围,学生能够建立起对集体的信任感,从而更好地融入学习环境。最后,教师应努力满足学生的高层次需要,促使他们全面发展。有意识地引导学生从基本需要逐渐转向更高层次的需要,帮助他们不断提升自我,体现个体的人生价值,这包括激发学生对知识的渴望、培养学生的创造力和思维能力,以满足他们在学习和人际关系中的更高追求。

通过班级管理,教师能够更全面地关注学生的各层次需要,创造一个安全、和谐、激发潜力的学习环境,使学生在全方位的需要满足中得到更好的发展。另外,教师在小学班级管理中一定要有意识地鼓励学生融入集体,参与集体活动,鼓励学生在活动中去体验、去成长,促使学生从个人基本需要的满足转向追求精神生活的满足。

（三）小学班级管理的艺术性特征

小学班级管理的艺术性特征指向的是"理"的管理。班级管理的对象是学生，作为班级管理的主导因素——教师，不仅要关注学生作为生物学意义上的人，更要关注学生作为社会的人；不仅要关注学生的"身"，而且要关注学生的"心"；不仅要关注班集体的发展，也要关注学生个人的成长，这就是"理"的管理，是班级管理艺术性的体现。"理"的管理，就是彰显人的理性能力，发展人的理性，体现人的理性。"理"的管理，就是班级管理要重视人的理性能力，发展人的理性。

1."理"的管理方法论

对于教师而言，班级管理要坚持公正原则，不偏听偏信。换言之，教师在处理班级具体事务时，尤其是处理学生与学生、教师与学生之间的关系时要坚持中庸之道，不走极端。同时，教师的为人要给学生一种"温而厉""威而不猛"的感觉。所谓"温而厉"是指，在处理具体问题时，既表现出教师温和、人性的一面，又体现出教师应有的威信和尊严。所谓"威而不猛"是指，在班级管理过程中，教师必须表现出教师应有的威严，但同时教师也不会过分地使用教师的权威，当教师需要表现自己的威严时，应该不让学生感到不可亲，这就是中庸之道在班级管理中的具体体现。由此可见，班级管理先是教育，教师不能用粗放的方式去教育学生；班级管理是疏导，教师应该对学生晓之以理，动之以情，导之以行。在班级管理中，对于教师而言，教师的管理理性体现在三个方面：①隐恶扬善；②坚持忠恕之道；③明白过犹不及的道理。

2.合理班级管理的原则

（1）小道理服从大道理，大道理管小道理。个人利益对于班集体的利益而言，是小道理，所以，当个人与集体利益有矛盾时，小道理应听从大道理，这里的大道理和小道理都是相对而言的，例如，与学生个体的生命健康相比，集体利益有时会变成小道理，如在运动比赛中，学生受伤了，应该让其停止参加比赛，而不要为了班级荣誉使学生身体受到更大的伤害。

(2)不同群体存在着各自特有的观念和理念，因此在追求共同点的同时，需要容忍小的差异。以班级为例，男生和女生由于在立场和思考方式上存在差异，可能引发一些分歧和争执。在这种情况下，班主任应该坚持奉行大体一致、在细微差异上容忍多样性的原则。另外，普通学生和班干部由于身份不同也可能持有不同的立场，处理彼此之间的矛盾和冲突时，同样需要尽量寻求共同点并接纳小的差异。

(3)“理”是主观的、动态的，随环境和内部条件的变化而变化。不同时期、不同环境会有不同的“理”，班规在管理班级时应及时调整，形成一种动态的平衡。尤其是班主任不能拘泥于过去的经验来管理班级，时代在变化，学生的思想观念也在变化，不可能有放之四海而皆准的管理经验，理的管理的艺术性也体现在与时俱进上。

3.合理的小学班级管理

合理的班级管理，一方面就是要通过管理来发展人的理性能力；另一方面也是借助人的理性能力来共建和谐集体。人有头脑，会思考，懂道理，合于理的管理思路是属于人类的，它尊重常识，合于事理，合乎情理。

(1)“理”是普遍被社会认可的生活原则和价值观念，是一种公认的人类共同准则，它体现了人们对于事物和人的评价标准，是人们形成的共同信仰和行为规范。因此，“理”可视为衡量个体和行为价值的基本观念，是人们普遍接受的道德准则。在小学班级管理中，应当尊重人们的基本信仰和价值观念，如公正、平等、诚信等是被社会广泛认可的价值观。因此，理念一致的班级管理应该尊重常识，坚持社会基本的价值观念，这构成了班级管理的基础。

(2)“理”是合理，是合乎道理，合乎事理。在现实生活中，不同的事物遵循不同的道理，一事一理，人们常称之为事理。同一事理是有其内在的逻辑性的，在同一事理中，理是可以推理的。在传统观念中，与父母相处时应该遵循孝道;在处理与上级关系时,应忠于职守;在与朋友交往中要讲究义气,这正是不同的事有不同的理。合理的事物和观念都是人们经过实践得来的理论或观念,它往往是人们通过思考和推理得来的,是可以被其他人所理解,甚至接受的。此处以学生座位的安排为例,说明“理”在班级管理中的具体运用。一般而言,一个教室里,个子矮小的学生坐前面,个子高的学生坐后面。如果眼睛近视但个子又高的学生一般坐前面靠两边的位置,尽可能减少对其他同学的影响。

在班级管理中,班主任需要精心安排学生的座位,考虑到每个学生个体差异及其多样的需要和想法。班主任在面对全班学生时,需要在个体需要差异较大的情况下,寻找一种平衡,以达成基本的共识。

首先,教师应让学生明白一个基本原则,即个体差异是无法选择和改变的。在座位的安排上,主要考虑学生的身高、视力和听力等因素。班主任需要坚持的一个基本原则,是让个子较矮的同学尽可能坐在前排,而个子较高的同学坐在后排,这种原则容易被学生接受,而且是合理的。如果座位的安排完全取决于教师的喜好,学生可能会感到不公平并表示不满。

其次,在坚持以学生身高为依据来安排座位的同时,教师应特别关注学生的视力、听力等因素,并为有特殊需要的学生提供合理的照顾。教师要坚持每周进行小组座位轮换,让学生逐渐形成座位调整的共识,使座位调整成为班级管理的常态化模式。

由此可见,在班级管理中,合理的管理就在于班级成员之间、班级与班级之间、师生之间认识的到位,理解的共识,方向的趋同,行为的磨合协调,它主要突出强调合于大家的共识。

五、小学班级管理的重要性

小学教育是学生教育生涯的重要阶段,是奠定学生综合素质和终身学习能力的基础。班级管理作为教育中的一个重要组成部分,对学生的成长和发展起着至关重要的作用。有效的班级管理不仅能创造一个和谐、有序的学习环境,还能促进学生全面发展,培养学生的社会责任感和集体意识。

因此,小学班级管理的重要性不容忽视。

第一,保障教学活动顺利进行。小学阶段的学生正处于认知和行为发展的初期,容易受到外界环境的影响。如果没有良好的班级管理,课堂上可能会出现纪律松散、学生注意力分散等问题,影响教学活动正常开展。

第二,促进学生全面发展。小学班级管理不仅是为了维持课堂秩序,更重要的是通过科学、合理的管理方式,促进学生全面发展。有效的班级管理可以帮助学生养成良好的学习习惯和行为习惯,培养学生的自律能力和时间管理能力。此外,通过班级活动和集体活动,可以培养学生学会合作、沟通和解决问题的能力,提升他们的社会交往能力和团队合作意识。

第三,培养学生的集体意识和社会责任感。小学班级管理的重要目标之一是培养学生的集体意识和社会责任感。通过班级管理,教师可以组织各种集体活动和班级事务,让学生参与其中,增强学生的集体荣誉感和责任感。例如,通过值日生制度,学生可以轮流承担班级卫生、纪律等任务,培养他们的责任感和服务意识。通过班会、主题班会等活动,学生可以共同讨论和解决班级中的问题,增强他们的参与感和主人翁意识。

第四,建立良好的师生关系。良好的师生关系是班级管理的重要内容之一。通过有效的班级管理,教师可以建立一种平等、尊重和信任的师生关系,促进学生的身心健康发展。在充满关爱和尊重的班级氛围中,学生更愿意表达自己的想法和感受,积极参与课堂活动,增强学习的主动性和积极性。

第五,预防和解决学生问题。小学阶段的学生正处于人格和行为习惯的形成期,容易出现各种问题和困惑。通过有效的班级管理,教师可以及时发现和预防学生的问题,采取适当的措施加以解决。例如,对于学生的行为偏差,教师可以通过班规的制定和执行,进行规范和引导;对于学生的心理问题,教师可以通过与家长的沟通和合作,提供心理支持和辅导。

综上所述,通过科学、合理的班级管理,教师不仅能够保障教学活动的顺利进行,还能够促进学生的全面发展,培养他们的集体意识和社会责任感,建立良好的师生关系,预防和解决学生问题。因此,学校和教师应高度重视班级管理工作，不断探索和创新班级管理的方式和方法，努力为学生的成长和发展创造良好的环境。

第二节 小学班级管理原则与依据

一、小学班级管理原则

（一）小学班级管理的人本化原则

小学班级管理的人本化原则是以尊重和关爱学生为核心，通过构建和谐的师生关系和班级氛围，促进学生全面发展。这个原则强调学生的主体地位，尊重其个性和发展需要，以人为本，注重心理健康和情感支持。

第一，尊重学生的个性与差异。在班级管理中，教师应充分尊重学生的个体差异，理解每个学生的独特性。学生的认知水平、兴趣爱好、性格特点各不相同，这就要求教师在管理过程中采用多样化的教学策略和方法，满足学生的不同需求。通过因材施教，教师可以帮助每个学生在自己的节奏中成长，充分发挥其潜能。例如，在课堂活动中，教师可以设置多层次的任务，给予学生选择的自由，鼓励他们根据自己的兴趣和能力进行学习。

第二，构建和谐的师生关系。和谐的师生关系是实现人本化管理的关键。教师应以关爱和尊重为基础，与学生建立良好的沟通和互动。教师的言行举止应成为学生的榜样，通过积极的沟通和互动，增强学生的安全感和归属感。在日常教学中，教师应关注学生的情感需要，及时给予鼓励和支持，帮助他们克服困难，增强自信心。例如，当学生在学习中遇到挫折时，教师可以通过一对一的谈话，了解其内心的想法和感受，给予有针对性的指导和帮助。

第三，注重心理健康与情感支持。小学阶段是学生心理发展的重要时期，班级管理应高度重视学生的心理健康和情感支持。教师应定期开展心理健康教育活动，帮助学生认识和管理自己的情绪，培养积极的心理素质。

例如,教师可以通过班会、主题活动等形式,组织学生进行情感表达和交流,提升其情商和人际交往能力。同时,教师应建立健全的心理辅导机制,及时发现和解决学生的心理问题,为其提供专业的心理支持。

第四,营造积极的班级文化。积极的班级文化是实现人本化管理的重要保障。班级文化包括班级的价值观、行为规范、学习氛围等方面。教师应通过共同制定班规、开展集体活动等方式,培养学生的集体荣誉感和责任感,营造团结、合作、互助的班级氛围。例如,教师可以组织学生参加集体活动,如班级联欢、社会实践等,增强学生的团队合作精神和集体荣誉感。同时,通过设立班级荣誉榜、表彰优秀学生等方式,激励学生积极向上,形成良好的班级风气。

(二)小学班级管理的主体性原则

小学班级管理的主体性原则强调学生在班级管理中的主动参与和自主发展,培养其自我管理和自我教育的能力,主体性原则要求教师尊重学生的主体地位,给予其更多的自主权和参与机会,激发其内在动力和创造力。

第一,赋予学生自主权,培养自我管理能力。教师应在班级管理中赋予学生一定的自主权,鼓励其参与班级事务的决策和管理。通过这样的方式,学生可以在实践中学习如何规划和组织活动,培养其自我管理能力和领导才能。

第二,激发学生的参与热情,增强责任感。学生在班级管理中的参与感和责任感对其发展具有重要意义。教师应通过多样化的活动和任务,激发学生的参与热情,增强其责任感。例如,教师可以组织学生参加班级竞选、主题班会、社会实践等活动,让其在活动中体验到参与的乐趣和成就感,从而增强其责任意识和集体荣誉感。

第三,鼓励学生自主学习,培养创新精神。教师应鼓励学生自主学习,培养其创新精神和探究能力。例如,教师可以通过项目学习、探究式学习等方式,引导学生自主选择课题,进行研究和探究。在这个过程中,学生可以发展其问题解决能力和创新思维,培养其自主学习的能力和习惯。

第四,提供多样化的学习资源和支持。教师应为学生提供多样化的学习资源和支持,帮助其实现自主发展。例如,教师可以利用信息技术,提供丰富的网络学习资源和在线课程,满足学生的个性化学习需要。同时,教师应关注学生的学习过程,给予及时的反馈和指导,帮助其克服学习中的困难,提升学习效果。

第五,建立民主的班级管理机制。民主的班级管理机制是实现主体性原则的重要保障。教师应通过班级会议、学生代表大会等形式,让学生参与班级的决策和管理,表达其意见和建议。例如,教师可以定期召开班级会议,让学生讨论和决定班级的事务,如班规的制定、活动的组织等。

(三)小学班级管理的全面性原则

小学班级管理的全面性原则是对学生进行全方位了解,包括思想品德、身心健康和学习情况等,这种全面性的要求不仅是学校培养目标的必然选择,也是班主任应该深刻认识的基本原则。在实践中,小学班级管理需要从整体出发,关注每个学生的全面发展,这正是全面性原则的体现。

第一,注重学生德、智、体、美、劳全面发展。学生是一个复杂的个体,德育、智育、体育、美育和劳动教育都是构成他们全面发展的重要方面。班主任应当关注这五个方面,制定科学的管理策略,使学生在各个领域都得到平衡发展。

第二,鼓励学生个性发展。教育工作应当根据每个学生的素质、所处的环境、成长经历等,进行差异化的教育,培养学生适应未来社会所需的品质、能力和态度。班主任需要通过个性化的辅导和引导,帮助学生充分发挥自身的潜力,形成多样化、富有创造性的个性特征。

第三,做好个别教育工作,特别要关注学习成绩欠佳的学生的转化工作。全面管理原则要求班主任根据每个学生的特点,制定有针对性的教育方案,其中,对于成绩欠佳的学生的关怀和引导显得尤为重要。通过了解他们的学习难点、心理状况,采用个别化的教育手段,帮助他们逐步适应学习环境,提高学习成绩,激发他们的学习兴趣。

(四)小学班级管理的兼容式原则

小学班级管理的兼容式原则强调在管理过程中,教师应兼顾学生的个体差异和班级的整体发展,采取灵活多样的管理策略,促进学生全面发展。这一原则要求教师在管理过程中,既要关注学生的共性,又要尊重其个性,做到因材施教。

第一,因材施教,关注个体差异。教师在班级管理中应充分考虑学生的个体差异,采取因材施教的策略。例如,教师可以根据学生的学习能力、兴趣爱好和性格特点,设计不同层次和类型的学习任务,满足其个性化学习需要。在课堂教学中,教师可以通过分组教学、个别辅导等方式,帮助不同层次的学生获得最大的发展。

第二,构建包容的班级文化。包容的班级文化是实现兼容式管理的重要保障。教师应通过多样化的班级活动和教学方式,营造尊重、理解和包容的班级氛围。例如,教师可以组织学生参加跨文化交流、主题班会等活动,增强学生对不同文化和观点的理解和包容。在日常教学中,教师应鼓励学生表达自己的想法和观点,尊重其多样性,培养其包容和开放的态度。

第三,灵活调整管理策略。教师在班级管理中应灵活调整管理策略,根据学生的实际情况和发展需求,采取适合的管理方法。例如,教师可以根据学生的学习进度和兴趣爱好,调整教学计划和内容,增强其学习的积极性和主动性。在班级活动的组织中,教师应考虑到学生的实际情况,灵活调整活动的形式和内容,确保每个学生都能参与其中,获得发展的机会。

(五)小学班级管理的信息化原则

小学班级管理的信息化原则强调在管理过程中,教师应充分利用现代信息技术,提升管理的效率和效果,促进班级的现代化发展。这一原则要求教师在管理过程中,运用信息化手段,增强管理的科学性和实效性。

第一,利用信息技术,提升管理的效率。教师应积极运用信息技术,提升班级管理的效率。例如,通过使用电子邮件、微信群、班级管理软件等工具，教师可以快速高效地与学生和家长沟通，发布班级通知、作业安排等信息。同时，通过电子表格、数据库等工具，教师可以便捷地管理和分析学生的学习数据，了解其学习情况和发展趋势，从而制定有针对性的教学和管理策略。

第二，丰富教学资源，促进个性化学习。信息技术的应用可以丰富教学资源，促进学生的个性化学习。例如，教师可以通过互联网获取和分享丰富的教学资源，如电子书、在线课程、教育视频等，满足学生的多样化学习需要。同时，通过学习管理系统，教师可以为学生提供个性化的学习计划和任务，帮助其在自己的节奏中学习和发展。

第三，增强互动，提高学生参与度。信息技术的应用可以增强师生互动，提高学生的参与度。例如，教师可以通过在线讨论区、互动课堂软件等平台，组织学生进行线上讨论和互动，增强其参与感和积极性。在课堂教学中，教师可以利用互动白板、投影仪等设备，丰富教学内容和形式，吸引学生的注意力，提高教学效果。

第四，实现数据驱动的决策。信息技术的应用可以实现数据驱动的决策，提升班级管理的科学性和实效性。例如，教师可以通过学习管理系统、数据分析软件等工具，收集和分析学生的学习数据，了解其学习情况和发展趋势。通过数据分析，教师可以发现学生的优势和不足，制定有针对性的教学和管理策略，提升教育效果。

第五，保障信息安全，保护学生隐私。在信息化管理过程中，教师应高度重视信息安全和学生隐私保护。例如，教师应严格控制学生信息的访问权限，避免信息泄露。同时，教师应教育学生提高信息安全意识，学会保护个人隐私，避免在网络上透露敏感信息。在使用信息技术工具时，教师应选择正规、安全的软件和平台，确保信息的安全性和可靠性。

第六，提升教师的信息素养。教师的信息素养是实现信息化管理的基础。教师应积极学习和掌握现代信息技术，提升自身的信息素养。例如，教师可以参加信息技术培训，学习使用各种教育软件和工具，提升其信息化教学和管理能力。同时,教师应保持信息技术的前沿意识,了解最新的教育技术和应用,及时更新和调整自己的教学和管理方法。

(六)小学班级管理的自主参与原则

小学班级管理的自主参与原则是指尊重学生的主体性,发挥班级群体和每个学生的主动性,主动积极地参与班级建设和班级教育。

第一,培养学生的主体意识。学生是教育的客体,也是教育的主体。因此,无论是班级目标的制定,奖惩制度的建立和贯彻执行,还是班干部的选举,班会的设计组织,都要让学生充分参与进来,使他们了解班级工作的各个环节,明确自己应该承担的义务。只有这样,学生才会具有主体意识,才会促进班级建设。

第二,及时采纳学生的正确意见,接受学生的监督。学生自己提出的合理意见和建议是不是被管理者所采纳,是影响他们主动性和参与意识的一种重要因素。当他们合理的意见和建议得到了管理者的肯定并得以实施,他们就会产生一种满足感,主动性和参与意识就会得到进一步强化。

第三,发展和完善学生的各种组织,逐步扩大班委会等组织的权限。班级的各种组织机构的干部成员,都应该让学生民主选举产生,并授予他们进行管理的权力。

第四,为促进学生参与和民主决策,需要教师致力于营造一种充满民主氛围的班级。在这种氛围中,为学生提供广泛的参与机会,鼓励学生行使民主权利。通过组织学生代表大会、班会、讨论小组等形式,激发学生参与校园事务的热情。此外,需要努力为学生提供开放的沟通平台,使他们能够表达自己的意见和建议。同时,教师和管理者积极倾听学生的声音,鼓励他们参与学校决策和管理。

(七)小学班级管理的情通理达原则

现代教育以学生为中心,现代的班级管理也是以学生为中心的管理。小学生具有丰富的情感,小学师生关系也具有较强的情感性,班主任在对学生进行教育时，要注意情感在管理中的作用。

第一，班主任需要善于动之以情，通过情感的表达和沟通来感染、激发学生。情感是引导学生、培养学生品德的重要媒介，通过与学生建立良好的情感关系，班主任能够更有效地引导学生的行为和态度。关心学生、理解学生、尊重学生，使学生感受到班主任的关怀，从而更加积极参与班级的活动和管理。

第二，晓之以理，即在构建情感沟通的基础上，要进行认知层面的教育。针对小学生的特点，班主任需要以简洁明了、生动形象的材料帮助学生理解道理。通过讲解实例、引导讨论等方式，让学生对班级规章制度、学习目标等方面有更清晰的认识，明白其中的合理性和必要性。

第三，科学地处理好"情"与"理"的辩证关系。在班级管理过程中，必须有一套严格的规章制度，以维护班级秩序和稳定。然而，这并不意味着规章制度应是一成不变的。班主任应当时刻关注实际情况，灵活调整规章制度，使其更符合班级的特点和发展需要。在处理"情"与"理"之间的关系时，班主任要既保持对学生的关怀和理解，又要确保学生遵循规章制度，找到两者之间的平衡点。

二、现代小学班级管理的依据

（一）现代学校教育任务迫切需要小学班级管理"介入"

在现代教育体系中，学校教育任务不仅限于传授知识，更包含对学生综合素质的培养，这种任务的多样性和复杂性迫切需要小学班级管理的"介入"。小学班级管理不仅是维持课堂秩序的工具，更是实现教育目标的桥梁。

第一，班级管理可以帮助小学生养成良好的行为习惯。小学阶段是学生个性与习惯形成的重要时期。在这个阶段，班级管理通过制定合理的规章制度，可以帮助学生养成良好的行为习惯和道德规范。这不仅有助于学生在校期间的学习和生活，更为他们今后的成长奠定基础。例如，班级管理可以通过日常的班会、班级活动等形式，潜移默化地向学生传递正向价值观,使他们在集体生活中学会合作、尊重和责任感。

第二,班级管理对于提升教育教学质量具有重要意义。教师通过有效的班级管理,可以创造一个良好的学习环境,使小学生能够专注于学习,提高课堂效率。现代教育理论强调以学生为中心的教学方法,而这种方法的实施离不开科学的班级管理。教师需要通过管理,了解每个学生的学习状况和心理状态,因材施教,促进学生全面发展。

第三,班级管理在促进小学生心理健康方面发挥着重要作用。现代社会的快速发展和竞争压力,使得学生面临着诸多心理问题,如焦虑、压力等。班级管理可以通过建立良好的师生关系和同学关系,营造一个温馨、和谐的班级氛围,帮助学生缓解心理压力,增强心理韧性。例如,班级管理可以通过组织心理健康教育活动,帮助学生正确认识和应对心理问题,提升他们的心理健康水平。

第四,班级管理对于小学生的社会化过程具有重要意义。班级是学生社会化的一个重要场域,通过班级管理,学生学会如何与他人相处,如何在集体中找到自己的位置。这种社会化过程对于学生未来的社会生活具有深远影响。班级管理通过组织各种集体活动,如体育比赛、艺术表演、社会实践等,使学生在参与中学会合作与竞争,增强集体荣誉感和责任感,提升他们的社会适应能力。

(二)小学班级学生状况迫切需要班级管理矫正

小学阶段的学生正处于身心发展的关键期,他们的行为习惯、心理状态以及学习能力尚未完全成熟,往往会表现出诸多不适应的问题。这些状况迫切需要通过科学的班级管理进行矫正,以促进学生全面发展。

第一,班级管理可以引导小学生养成良好的学习习惯。小学生的自控能力较弱,容易受到外界环境的影响,导致注意力不集中,学习效率低下。班级管理通过制定合理的课堂规则,建立奖励和惩罚机制,可以有效提高学生的自律性。班级管理可以通过组织各种课外活动,培养学生的兴趣爱好,使他们在多样化的活动中找到学习的乐趣和动力。

第二，班级管理可以提升小学生的心理健康水平和学习能力。小学生的心理较为敏感，容易受到挫折和压力的影响，产生焦虑、烦躁等负面情绪。班级管理通过建立良好的师生关系和同学关系，可以为学生提供情感支持和心理疏导。教师在班级管理中应倾听学生的心声，了解他们的心理需求，及时给予关怀和帮助。例如，教师可以通过班会、心理辅导等形式，与学生进行心灵交流，帮助学生树立自信心，正确面对学习和生活中的困难和挑战，增强学生的心理韧性和抗压能力。

第三，班级管理的矫正作用还体现在学生的学习能力提升方面。小学生的学习能力存在个体差异，一些学生在学习过程中可能会遇到困难和挑战。班级管理通过个别辅导、合作学习等方式，可以帮助学生克服学习中的困难，提升学习能力。例如，教师可以根据学生的学习情况，制定个性化的学习计划，针对性地进行辅导和指导，帮助他们提高学习成绩。同时，班级管理还可以通过小组合作学习，让学生在互助中共同进步，提升他们的团队合作精神和学习能力。

第四，班级管理在促进学生社会化方面具有重要作用。小学生的社交能力尚未成熟，容易在集体生活中出现矛盾和冲突。班级管理通过组织各种集体活动，可以帮助学生学会如何与他人相处，增强他们的社交能力。例如，教师可以通过组织团队合作活动、社会实践活动等，培养学生的合作精神和团队意识，提升他们的社交技能和适应能力。

（三）现代学校课堂生态迫切需要班级管理滋养

课堂生态是课堂内外各种因素相互作用所形成的整体环境，包括教师的教学方法、学生的学习状态、师生关系、同学关系等。一个良好的课堂生态对于学生的学习和成长具有重要意义，而班级管理在优化课堂生态方面发挥着关键作用。

第一，班级管理可以提升课堂教学效果，优化课堂生态。例如，教师可以通过合理安排座位，分组合作学习，营造一个积极向上的学习氛围。同时，班级管理还可以通过制定课堂规则，明确学生的行为规范，保障课堂秩序,提升教学效果。例如,教师可以在课堂上设置明确的学习目标和任务,通过及时的反馈和鼓励,帮助学生集中注意力,提高学习效率。

第二,班级管理在促进师生关系方面具有重要作用。良好的师生关系是构建和谐课堂生态的基础,而班级管理通过多种方式可以增进师生之间的理解和信任。例如,教师可以通过班会、家访等形式,了解学生的学习和生活情况,给予他们关怀和帮助,增进师生之间的情感交流。同时,班级管理还可以通过组织各种班级活动,增强师生之间的互动,提升师生关系的质量。例如,教师可以组织班级讨论、班级聚会等活动,增加师生之间的互动机会,促进师生之间的了解和信任。

第三,班级管理在促进学生之间的关系方面具有重要作用。良好的同学关系是构建和谐课堂生态的另一个重要方面,而班级管理通过组织各种集体活动,可以增进学生之间的友谊和合作。同时,班级管理还可以通过建立班级公约,明确学生之间的行为规范,促进学生之间的和谐相处。

第四,班级管理可以通过多样化的教学方式,激发学生的学习兴趣,优化课堂生态。例如,教师可以根据学生的兴趣和学习情况,采用分层教学、合作学习、项目式学习等多种教学方法,激发学生的学习兴趣,提高他们的学习积极性和主动性。这不仅可以提升课堂教学效果,还可以优化课堂生态,营造一个充满活力和创意的学习环境。

第五,班级管理可以通过家校合作,优化课堂生态。家校合作是现代教育的重要组成部分,通过加强家校之间的沟通和合作,可以共同促进学生的学习和成长。例如,教师可以通过家访、家长会等形式,与家长保持密切联系,了解学生在家中的表现和需求,协调家庭和学校的教育资源,共同营造良好的学习环境。同时,班级管理还可以通过组织家长参与班级活动,增强家长对学校教育的理解和支持,形成家校共育的良好局面。

第六,班级管理在提升学生的自主学习能力方面具有重要作用。现代教育强调培养学生的自主学习能力,而班级管理可以通过多种方式,帮助学生养成良好的自主学习习惯。例如,教师可以通过制定学习计划,指导学生合理安排学习时间，提升他们的时间管理能力和自我管理能力。同时，班级管理还可以通过组织自学小组、开展自学竞赛等活动，激发学生的自主学习兴趣，提升他们的自主学习能力。

（四）现代学校常规秩序迫切需要班级管理维护

学校常规秩序是学校日常管理和运行中所需遵守的各项规章制度和行为规范，包括课堂纪律、作息时间、课间活动、卫生管理等。这些常规秩序的维护对于学校的正常运行和教育教学活动的顺利开展具有重要意义，而班级管理在维护学校常规秩序方面发挥着关键作用。

第一，班级管理通过制定和执行班级规章制度，可以有效规范学生的行为，维护课堂纪律。课堂纪律是学校常规秩序的重要组成部分，直接关系到课堂教学效果和学生的学习状态。教师通过班级管理，可以在班级内制定明确的课堂规则和行为规范，引导学生自觉遵守课堂纪律，营造一个安静、有序的学习环境。例如，教师可以通过班级公约、奖惩制度等形式，明确课堂上的行为规范，规范学生的言行举止，提升他们的自律意识和责任感。

第二，班级管理在规范学生作息时间方面具有重要作用。科学合理的作息时间安排对于学生的身心健康和学习效率具有重要影响。班级管理通过制定和执行作息时间表，可以帮助学生养成良好的作息习惯，保障他们的充足休息和学习时间。例如，教师可以通过班会、家校联系等形式，指导学生合理安排作息时间，保证他们在校内外的学习和生活有序进行，提升他们的时间管理能力和自我管理能力。

第三，班级管理在组织课间活动方面具有重要作用。课间活动是学生放松身心、调节状态的重要时段，对于提升学生的学习效率和身心健康具有积极意义。班级管理通过合理安排和组织课间活动，可以丰富学生的课余生活，提升他们的身心健康水平。例如，教师可以通过组织体育活动、艺术活动、游戏活动等多种形式的课间活动，帮助学生放松身心，调节学习压力，提升学生的身心健康水平。

第四，班级管理在维护学校卫生管理方面具有重要作用。良好的卫生环境对于学生的健康和学习具有重要影响，而班级管理可以通过多种方式，维护班级和学校的卫生环境。例如，教师可以通过制定卫生值日制度，组织学生轮流打扫教室和校园，培养他们的卫生习惯和责任感。同时，班级管理还可以通过开展卫生教育活动，提升学生的卫生意识和自我保健能力，营造一个干净、整洁、健康的学习环境。

第五，班级管理在处理突发事件和应急管理方面也具有重要作用。学校日常管理中难免会遇到一些突发事件，如学生受伤、火灾等，科学的班级管理可以帮助教师和学生及时应对这些突发事件，保障师生的安全和学校的正常运行。例如，教师可以通过制定应急预案，组织应急演练，提升学生的应急意识和自救能力，确保在突发事件发生时能够迅速采取有效措施，保障师生的安全。

第六，班级管理在促进学生遵守学校规章制度方面具有重要作用。学校规章制度是保障学校正常运行和教育教学活动顺利开展的基础，而班级管理通过多种方式，可以引导学生自觉遵守学校规章制度，提升学生的纪律意识和责任感。例如，教师可以通过班会、班级活动等形式，向学生宣传学校的规章制度，增强他们的制度意识和守纪意识，培养他们的法治观念和社会责任感。

（五）小学班级管理现状迫切需要班级管理变革

当前小学班级管理存在诸多问题，需要通过科学的变革来提升管理效能，促进学生的全面发展。这些问题包括但不限于管理理念的滞后、管理方法的单一、师生关系的紧张、学生自主性和创造性的不足等。针对这些问题，班级管理的变革势在必行。

第一，班级管理理念的滞后影响了管理效能。传统的班级管理理念往往强调权威和控制，忽视了学生的主体地位和个性发展。这种管理理念难以适应现代教育的需求，需要转变。例如，班级管理应从以教师为中心转向以学生为中心，尊重学生的主体地位，关注他们的个性发展和全面发展。教师应更多地关注学生的需求和兴趣，通过引导和激励，激发学生的学习积极性和创造力，提升管理效能。

第二，班级管理方法的单一限制了管理效果。传统的班级管理方法往往过于单一，缺乏多样性和灵活性，难以满足不同学生的需求。例如，班级管理应采用多样化的管理方法，如分层管理、合作学习、项目式学习等，根据学生的实际情况和个体差异，采取灵活的管理策略，提升管理效果。例如，教师可以通过分层管理，针对不同层次的学生制定不同的学习计划和管理措施，因材施教，促进学生全面发展。

第三，师生关系的紧张影响了班级管理的效果。良好的师生关系是班级管理的基础，而当前一些班级中存在师生关系紧张、沟通不畅的问题。这些问题不仅影响了班级管理的效果，还影响了学生的学习和心理状态。例如，教师应注重与学生的情感交流，尊重学生的意见和建议，通过平等对话和互动，增进师生之间的理解和信任，构建和谐的师生关系，提升班级管理的效果。

第四，班级管理应注重提升学生的自主性和创造性。传统的班级管理往往过于强调纪律和控制，忽视了学生的自主性和创造性，导致学生缺乏自主学习和创新的动力。例如，班级管理应通过多种方式，激发学生的自主性和创造性，如组织探究式学习、项目式学习等，引导学生自主探究、主动学习，提升他们的自主学习能力和创新能力。

第五，班级管理应注重利用现代信息技术提升管理效能。现代信息技术的发展为班级管理提供了新的工具和手段，如班级管理软件、在线学习平台等。教师可以通过这些工具，提升班级管理的效率和效果。例如，教师可以利用班级管理软件，记录和分析学生的学习情况和行为表现，制定个性化的管理措施和教学计划，提升管理的科学性和针对性。同时，教师还可以利用在线学习平台，组织丰富多彩的在线学习活动，提升学生的学习兴趣和参与度。

综上所述，现代小学班级管理在学校教育任务、学生状况、课堂生态、学校秩序以及管理现状等方面都具有重要的介入和矫正作用。通过科学、合理、创新的班级管理策略，可以有效提升教育教学效果，促进学生的全面发展，优化课堂生态，维护学校秩序，提升管理效能。现代小学班级管理需要在理念、方法、师生关系、自主性和信息技术应用等方面进行不断变革和创新，以适应新时代教育发展的需求，为学生的学习和成长提供良好的环境和支持。

第三节 小学班级管理策略与方法

一、小学班级管理的策略

(一)小学生身体与个性发展

1.小学生身体的发展特点

从心理学的角度来划分，小学生属于学龄初期儿童，年龄在6~12岁。这个年龄阶段的儿童，正处于稳步发展的生长期，在身体结构、机能等方面都具备一些独有的特征。

(1)小学生身体形态的发育特点。形态的发育是指身体及其各部位的生长、发展情况。它一般包括身高、体重、胸围等身体各部位的长、宽、围度及重量，这些是人体生长发育的重要指标之一。①

小学生的形态发育基本上是平稳的，虽然增长总量会超过初中和高中6年间的增长总量，但小学各年龄阶段增长值却相对平均，不像突增期那样变化明显。

影响学生身体形态发育的根本因素是小学生骨骼、肌肉的发育。小学生各种骨骼正在骨化，但尚未完成。这时，骨骼的可塑性比较大，不正确的运动姿势或长期不正确的坐、站、走的姿势，都会引起骨骼的变形。小学生的肌肉虽然在逐渐发育，但主要是纵向肌肉。肌纤维比较细，力量也比较

---

①庞云凤，王燕红.小学班级管理策略[M].山东人民出版计，2014:80.

弱。因此，不宜做长时间的静力运动，一定要注意写字、读书、画画时的姿势，并且时间不宜过长。

(2)小学生身体机能的发育特点。身体机能是人体呼吸、循环、消化、代谢、造血、免疫、神经、内分泌等系统的功能。研究人体机能发育情况，常以心血管、呼吸和肌肉功能为代表。

身体机能的发育与形态发育一样，随着年龄的增长不断提高，一般到25岁左右达到最高水平。小学生身体机能的发育与幼儿期相比有很大的发展，特别是到小学高年级阶段，随着身体形态的不断发育，身体机能也达到一定水平，并为进入人体青春发育期第二次生长高峰提供了内在的基础和条件。

第一，心肺功能的发育。通常以心率(脉搏)、肺活量和血压的情况作为评价心肺功能的指标。

一是心率的变化。小学阶段学生正常的心率从总体发展来看，是随着年龄的增加逐步减少，到18岁以后，心率基本稳定在78次/分左右。小学阶段学生心率与年龄的关系，一般为每增长1岁，心率减少1次左右，男生的心率降低幅度大于女生。

二是肺活量的变化。肺活量是衡量肺脏功能的基本指标之一。小学生的肺活量变化与心率变化相反，是随着年龄的增加而增加，18岁以后男生可达到4000毫升左右，女生也可达到2800毫升左右。小学阶段，学生的肺活量逐年增长，6年间一共增长814～914毫升。

三是血压的变化。血压是反映心血管系统功能的重要指标之一。小学生的血压变化也是随着年龄的增长而增高。18岁以后，男生的收缩压一般稳定在117.9毫米汞柱左右，女生一般稳定在119毫米汞柱左右。低年级小学生血压较低，主要是由于他们的血管口径相对较大，而且弹性很好，可以较好地缓冲心脏搏血对血管的压力。

第二，神经系统的发育。神经系统的发育主要表现在脑重量的变化和脑电波的发展两个方面。首先是脑重量的变化。脑重量的变化是脑细胞发育的结果,在小学阶段,儿童的脑细胞体积不断增大,树突和轴突分支逐渐发育完全,细胞功能的分化也基本完成。在这个阶段,脑细胞的分析、抑制能力有所加强,但是兴奋性不能持久。所以,在进行同一性质的活动时,要尽量缩短活动的时间,以便使学生相应部位的脑细胞及时得到休息。其次是脑电波的发展。如果说脑重量的变化是神经系统量的变化,那么脑电波的发展就意味着神经系统在"质"方面的发展。人脑的发展主要在α波(频率8~13周/秒)与θ波(频率4~9周/秒)的"斗争"中进行的。在4~20岁,α波的频率逐渐增加,θ波逐渐给α波逐渐让位。在对中国4~20岁被试的研究中发现,脑发育有两个显著加速时期:5~6岁是第一个显著加速时期;13~14岁是第二个显著加速时期,此时脑已经基本成熟。

2.小学生个性发展的策略

个性心理特征是个性的重要方面之一,包括能力、气质和性格。它是个性中更为稳定的方面,体现了个体的独特心理活动和行为。

小学生的个性心理正处于迅速发展时期,也是人格障碍容易形成的时期。有关专家认为,当前小学生中存在的厌学、偏激、猜疑、敌视、攻击、情感脆弱、承受力差、离家出走等问题,大多不是品质或纪律问题,而是人格障碍所致。因此,作为小学班主任必须掌握小学生的个性心理发展规律,有针对性地指导学生。

(1)小学生能力培养的策略。能力是一种直接影响活动效率的个性心理特征,它是使活动任务得以顺利完成的必备的心理条件。

第一,尊重小学生能力发展的差异性。小学生能力发展的差异性是客观存在的,我们应该在尊重这种差异性的基础上发展学生的能力。

第二,增强小学生能力培养中的趣味性。"兴趣是最好的教师",凡是学生感兴趣的事物或活动,他们会投入更多的精力去参与,会收到更好的教育效果。班主任在培养学生能力时,要注意选择学生感兴趣的内容和组织方式。

第三,处理好能力、知识和技能的关系。能力不同于知识和技能,但与知识和技能有着密不可分的联系。班主任在培养学生能力的同时,必须使学生掌握一定的知识和技能,必须把两者结合起来,不能将其割裂开,只片面强调能力的培养,应当通过知识和技能的积累为学生能力的发展奠定基础。

(2)根据气质类型因势利导策略。气质是人心理活动力方面比较稳定的心理特征。尽管说气质类型无好坏之分,也不容易改造,但是在教育过程中我们应该充分了解每位学生的气质类型,对于不同气质类型的学生采取不同的引导策略。

第一,批评教育的策略。一是胆汁质的学生比较坦率、热情,但又有些莽撞、刚愎自用。因此应该采取柔和的教育方法,通过慢慢渗透的说理方式往往能达到“以柔克刚”的目的,面对突如其来的意外事件,最好采取过一段时间“冷处理”的办法。二是多血质的学生比较活泼、机敏,但往往不够踏实、容易浮躁。因此对于他们应采用“刚柔相济”的教育方式。一方面,对其提出严格要求,在学生自满时,提出的批评建议要有一定刺激强度;另一方面,要创造条件给予学生展示才华的机会,通过活动,在激发其多方面兴趣的同时,努力培养其中心兴趣。三是黏液质的学生比较稳重、踏实、有耐心,但不够活泼、比较固执。因此应该有意识地鼓励他们参加集体活动,以激发其积极情绪,帮助他们树立起积极向上的信心。当他们表现出拒绝接受某个观点时,教师不必强制其接受,而应该采取启发或事实感化等迂回的方式去说服他。四是抑郁质的学生比较认真、仔细,但敏感、孤僻、易退缩。因此在对他们进行教育时不要在公开场合点名批评,宜单独进行教育;在教育过程中要注意措辞,尽量简洁明了,避免学生产生过多的联想;应该以正面鼓励为主,为学生创造与他人交往的机会,并适当多给予学生一些称赞、嘉奖,鼓励学生树立起前进的勇气。

第二,考前指导策略。不同气质类型的学生在考试之前需要注意的问题是不同的,班主任应针对各种气质类型学生的特点进行有针对性的指导。例如对胆汁质多血质的学生,班主任应提醒他们考试要认真、细致;对黏液质的学生要帮助他们制定符合自己发展水平的考试目标,避免因目标太高而打击他们学习的信心;对抑郁质的学生要提醒他们复习不要开夜车,还要防止他们在考试前出现考试焦虑症,因此要适当地对他们进行考前心理疏导。

第三,人际交往指导策略。每一种气质类型既有优点也有缺点,特别是在人际交往中,如果小学生不能发扬气质的积极因素,不懂得掩盖消极因素,则会影响小学生人际交往能力的发展,甚至影响学生的学习和社会适应能力。因此班主任在对学生进行人际交往指导时,应指导学生发扬优点,例如指导多血质的同学在人际交往中发扬热情、活泼的一面,在指导黏液质的同学时,则应提醒他们发扬待人诚恳、踏实的品质。

(3)小学生性格的教育培养策略。所谓性格是指人对现实的态度和行为方式中比较稳定的、具有重要意义的个性心理特征,是指人对现实稳定的态度以及与之相适应的习惯化的行为方式。

第一,教师要善于了解学生的性格特征和差异。要使教育方法有针对性,教师首先要了解学生的性格特征。案例中班主任通过与学生谈话交流了解了该学生的性格特征。在全面掌握学生以往的学习经历、家庭背景、个性形成过程的基础上,对学生经常出现的特征进行分析,为接下来的因材施教打下坚实的基础。

第二,教师要善于利用群体的力量。班集体对学生性格的形成具有重要作用。该生性格的形成与转学后不愉快的集体生活是分不开的。因此要改变该生自卑的性格,还必须借助集体的力量。班主任通过举行中队干部会议,对学生中一些错误行为进行纠正。班主任还要经常组织一些有利于形成群体良好共性的活动,使群体风气得以维护和发扬。例如,可以通过各种体育活动发展学生团结友爱、组织性、纪律性等性格特征。因为体育活动需要团结、守纪,教师在具体的活动中提出团结、守纪等要求,促进学生良好性格特征的发展。对于在活动中表现不好的学生(如不守纪律、不团结),教师要及时进行教育,使其认识到错误,并及时加以纠正。

第三，教师要善于发挥家长的作用。家庭是孩子成长的重要环境，家庭教育对儿童性格的形成有很大的影响，该生自卑性格的形成与其特殊的家庭环境有着直接的关系。班主任在帮助该生时，找到该生的母亲，跟她一起分析孩子性格的形成原因，教给她正确的教育方式，提醒孩子母亲多关心孩子环境适应的困难，帮助孩子补习知识，还提醒孩子的父亲要多和孩子交流，这些都将对孩子性格的转变起到积极的作用。儿童在家庭中的地位、父母对子女的态度和教育，都是影响儿童性格形成的重要的因素。班主任要培养学生良好的性格，应对家庭教育进行指导，使家长形成正确的教养方式，将有利于孩子良好性格的培养。因此，班主任在培养孩子良好性格时，应充分发挥家庭教育的力量。教师的工作只有取得家长的支持，才能在更大的社会背景中培养学生的良好性格。

（二）小学生的品德指导及途径

1.小学生的品德指导内容

小学生的品德指导主要是向学生进行以“爱祖国、爱人民、爱劳动、爱科学、爱社会主义”为基本内容的社会公德教育和有关的社会常识教育（包括必要的生活常识、浅显的政治常识以及与小学生有关的法律常识）。着重培养和训练学生良好的道德品质和文明行为习惯。品德指导的内容既要符合国家规定的学校德育根本任务，又要符合小学生的年龄特点，突出指导的现实性和针对性，提高品德指导的效果。

（1）热爱祖国的教育。对学生进行爱国主义教育，是时代赋予班主任的历史使命。关系着教育要培养什么样的人等问题，因此，要结合小学生的年龄特点，不断进行“以热爱祖国为荣，以危害祖国为耻”的社会主义荣辱观教育。

（2）热爱中国共产党的教育。中国共产党是中国人民的领导核心，这是经过几十年的革命斗争总结出的宝贵经验。教育学生热爱中国共产党，信任中国共产党，愿意为共产主义事业而奋斗，是培养社会主义现代化建设事业接班人和建设者的重要内容。

(3)热爱人民的教育。人民是国家的主人。热爱人民的教育就是培养学生热爱和尊敬人民的思想感情,树立全心全意为人民服务的意识,树立“以服务人民为荣,以背离人民为耻”的社会主义荣辱观。

(4)热爱集体的教育。热爱集体的教育是教育学生知道自己是集体中的一员,树立“以团结互助为荣,以损人利己为耻”的社会集体主义荣辱观,从而关心集体、助人为乐、善于在集体中生活。

(5)热爱劳动、艰苦奋斗的教育。热爱劳动、艰苦奋斗的教育是培养学生热爱劳动的意识,养成良好的劳动习惯,形成勤俭节约、艰苦奋斗以及爱护劳动成果的良好品德。

(6)努力学习、热爱科学的教育。努力学习、热爱科学的教育主要是使学生认识到学习是自己的主要权利和义务,树立“以崇尚科学为荣,以愚昧无知为耻”的社会主义荣辱观,培养学生从小爱科学、学科学、用科学的兴趣和能力。

(7)文明礼貌、遵守纪律的教育。我国是礼仪之邦,历来重视文明礼貌教育。所以,加强青少年的文明礼貌教育和遵守纪律的教育,使学生树立“以遵纪守法为荣,以违法乱纪为耻”的社会主义荣辱观是非常有必要的。

(8)民主与法治观念的启蒙教育。民主与法制教育是指培养学生具有民主意识和主人翁精神,树立遵纪守法的观念。它是社会主义民主和法治建设中必不可少的一部分,是每个公民的权利和义务。因此,必须从小学生开始就应该加强社会主义民主和法制的教育。

(9)良好的意志、品格教育。意志是为了一定目的,自觉克服困难和障碍的毅力,它对形成良好的品格有重要作用。在社会主义现代化建设的初级阶段,如果没有克服困难的坚强意志,没有良好的品格,就很难适应新形势发展的需要。因此,从小进行良好的意志、品格教育是十分必要的。

(10)辩证唯物主义观点的启蒙教育。辩证唯物主义是科学的世界观和方法论,是一种正确处理问题的观点和方法。由于小学生受到自身知识水平和理解能力的局限,所以只能进行初步的启蒙教育,主要包括引导学生学习怎样正确看待周围的事物,初步学习全面地、发展地看待问题的方法等内容。

2.小学生的品德指导的原则

小学生品德指导的原则是指根据德育规律和学生身心发展规律指定的,对小学生进行思想品德教育时必须遵循的基本准则和要求。它是小学教师(尤其是班主任)更好地组织教育过程的客观依据,同时也是制定德育计划,选择德育内容、方法和组织德育过程的依据。

(1)方向性原则。方向性原则是指在品德指导过程中,必须坚持以马克思主义和党在社会主义初级阶段的基本路线为指导,遵照国家对小学生思想道德素质的基本要求,进行思想品德教育,反对和抵制资本主义和封建主义腐朽思想的影响。它既是社会主义思想品德教育的一条重要原则,也是整个思想品德教育的指导思想,它的精神渗透到其他每个原则之中。

(2)针对性原则。德育的针对性原则是指,在品德指导过程中教师要针对学生的年龄特征和个性差异进行不同的教育,使每个学生的思想品德都得到最好的发展。

(3)正面教育原则。正面教育就是指以正面的事实、道理、榜样等对学生进行启发和引导,使学生掌握正确的道德认识和道德行为准则。

(4)知行统一原则。知行统一原则是指在品德指导过程中,教师既要对学生进行思想政治观念的和道德规范的教育,提高学生的道德认识,又要提出相应的一些具体而明确的要求,引导学生参加力所能及的劳动和社会实践活动,使学生在道德行为实践中加深认识,养成良好的行为习惯。

(5)集体教育与个别教育相结合原则。集体教育与个别教育相结合原则是指对学生进行教育,既要依靠集体,发挥集体对个人的教育作用,又要针对每个人不同的特点分别进行深入细致的个别教育。另外,集体教育必须与个别教育相结合。学生个体存在性格、气质、能力、兴趣、需要和思想基础等差异,因此我们需要正确认识学生存在的差异采取有针对性的教育措施。如果不和个别教育相结合,集体教育的效果也会受到影响。因此,在发挥集体力量的同时,还要针对学生的不同情况进行个别指导,促使其个性在集体中得到充分发展。

(6)尊重学生与严格要求相结合原则。尊重学生与严格要求相结合原则是指教师把对学生思想和行为的严格要求与对他们人格的尊重和信赖结合起来,使教师对学生的影响与要求易于转化为学生的品德。

(7)教育的一致性和连贯性原则。教育的一致性和连贯性原则是指在思想品德教育过程中应有目的、有计划地对各方面的教育影响加以组织和协调,使其相互配合、协调一致、前后连贯、有序进行,促使学生的思想品德健康发展。

3.小学生品德指导的方法

小学生思想品德的形成是在德育过程中为达成德育目标而展开的师生双边活动,它受德育内容、任务所制约,是以德育规律、德育原则为依据的。其中既包括教师施教的方法也包括学生自我形成品德的方法。因此,小学品德指导的方法是多种多样的,班主任要结合学生的具体情况选择合适的教育方法,才能达到事半功倍的效果。以下探讨常用的教育方法:

(1)明理教育法。明理教育法就是通过摆事实、讲道理的方式对学生进行正面教育,使学生明辨是非、善恶,以提高学生思想认识的一种方法,也是最常用、最基本的一种教育方法。采用明理教育法的方式多种多样,我们经常采用的主要有谈话明理、讲解明理、讨论明理等方式。

(2)生活体验法。生活体验法是指把品德指导融入学生的真实生活,使学生在生活体验和经历中凝练道德情操。小学德育只有与小学生的生命体验相联系,才能得以实现。因此,生活经历和体验是小学生品德形成的基础和源泉,离开了生活体验,进行空洞的说教,犹如在沙滩上教儿童游泳,很难收到令人满意的教育效果。

(3)榜样激励法。榜样激励法是以英雄或优秀人物的思想、品德、行为去示范、感染、影响和教育学生的一种品德指导方法。模仿性强是小学生的重要特点,小学生总会将具体的、值得尊敬的英雄或优秀人物作为自己模仿的重要对象。因此，榜样生动、形象、具体，对学生具有较大的感染力和说服力。小学班主任要格外关注榜样激励法在小学品德发展中的感染力和影响力，有意识地为小学生提供优秀的榜样形象。在小学阶段经常选用的榜样可以包括以下方面：

第一，革命导师和英雄模范人物。在品德指导过程中可以通过这类形象引导学生学习、继承和发扬革命前辈和英雄模范人物的崇高思想、革命胆略和道德品质，使学生坚定地树立为正义事业而献身的信念。

第二，历史上的伟大人物、科学家、艺术家和文艺作品中的典型形象。在课本和学生阅读的课外读物中介绍了很多伟大人物、科学家和艺术家，这些形象具有极强的感染力。

第三，学生中的好人好事。小学生认识事物的规律是由近及远，有具体到抽象，由于这类榜样发生在学生身边，和小学生的年龄、生活经历相接近，学生比较熟悉，容易接受和效仿，所以具有较高的教育价值。班主任要善于树立学生身边的榜样，及时给学生以正确的引导。

第四，教师和家长的以身作则。特殊的人际关系决定了这种榜样的作用具有经常性和直接性。教师和家长的言行、思想、作风时刻都是学生学习和模仿的对象。因此，教师和家长应该自觉意识到自己行为对小学生品行形成的重要作用，自觉把自己看作教育学生的表率，严格要求自己的言行，成为自觉的德育力量。

(4)陶冶教育法。儿童的品德成长过程，非一朝一夕之功，是在日常生活中，耳濡目染、潜移默化、长期接受教育熏陶的过程。陶冶教育法就是通过创设富有教育意义的情境，组织富有教育意义的活动，潜移默化地培养学生的思想品德，使学生在轻松、愉快的情境中受到心灵上的感化，自觉形成良好的思想品德。前面所提的讲授、谈话、讨论是一种明示的德育方法，陶冶则是一种暗示的德育方法。陶冶的方法自古就受到孔子、老子、孟子、颜之推等人的推崇。在小学阶段，陶冶教育的方法主要有以下几种：

第一，情感陶冶法。“没有爱就没有教育”，这是很多优秀教师共同的心声。情感陶冶主要表现在教师对学生的挚爱、真诚。用教师真诚的爱使产生师生情感上的共鸣,使学生看到自身的价值,产生向上的力量,从而,把教师对学生的期望转化为学生自觉的行为习惯,自励进取。

第二,环境陶冶法。良好的环境具有导向、激励、育人、审美等功能,是一种无声的力量,它每时每刻都在对学生进行着一种渗透力很强的性情陶冶。自古至今,我国都比较注重环境对人的影响。从古代的“孟母三迁”到今天的校园文化建设,都说明了环境对人的教育作用。

4.小学生的品德指导途径

小学生的品德指导途径多样而全面,涵盖了学科教学、实践活动和校园文化等多个方面。每一途径都在《小学德育纲要》的指导下,通过校长的领导和各部门的协调,形成合力,共同创设良好的教育环境,完成德育任务。以下分别探讨这些途径的具体实施和其在小学生品德培养中的作用。

(1)思想品德课是小学品德指导的重要途径。思想品德课作为向学生系统地、直接地进行思想品德教育的关键课程,主要致力于提高学生的道德认知和判断能力,培养道德情感,并指导学生的行为。教师应严格依据思想品德教学大纲和教材内容,结合学生的实际情况,在讲授理论的基础上,对学生提出适当的行为要求,从而有效地引导学生形成正确的价值观和行为准则。

(2)通过各科教学进行德育渗透。教师不仅是知识的传授者,更是道德教育的引导者。在各科教学中,教师应当自觉地挖掘教学内容和过程中的德育因素,对学生进行潜移默化的品德教育。例如,在语文教学中,可以通过经典文学作品的分析,引导学生理解真、善、美;在历史教学中,可以通过历史人物和事件的探讨,培养学生的爱国主义情怀和社会责任感。然而,现实中许多教师往往仅关注文化知识的传授,忽视了品德教育的渗透。为了实现德育的全面覆盖,教师需要在教学设计中有意识地融入品德教育的内容,注重对学生品德的培养。

(3)实践活动是品德教育的重要补充。实践活动是品德教育的另一重要途径,通过实际的体验和操作,学生能够在真实情境中感知和理解道德规范,进而内化为自身的行为准则。学校可以组织各种社会实践活动,如社区服务、志愿者活动、环保行动等,通过这些活动,学生不仅能学到书本上学不到的知识,更能在实践中锻炼和提升自己的道德素质。同时,实践活动还可以增强学生的社会责任感和集体荣誉感,培养他们的合作精神和团队意识。

(4)校园文化的熏陶作用。校园文化是学校德育工作的重要组成部分,它通过潜移默化的方式影响着学生的思想和行为。一个良好的校园文化环境,可以使学生在日常生活中受到积极的影响。例如,通过班级文化建设,可以营造团结友爱、互帮互助的氛围;通过学校的各类活动,如艺术节、体育比赛等,可以培养学生的集体意识和拼搏精神。此外,学校还可以通过设立校训、校规等方式,引导学生形成良好的行为习惯和道德品质。

(5)家校合作,共同促进学生品德发展。家庭是学生成长的第一环境,家长的言传身教对学生品德的形成具有深远影响。学校应积极与家长沟通合作,共同制定学生的德育目标和计划。通过家长会、家访、家长学校等形式,加强家校互动,帮助家长树立正确的教育观念,指导家长在日常生活中进行科学有效的家庭教育。同时,学校还应鼓励家长参与学校的各类德育活动,共同为学生创造良好的教育环境。

综上所述,小学生的品德指导途径是多方面的,各种途径相辅相成,共同构成了一个全面而系统的德育体系。在德育工作中,学校应充分发挥思想品德课、学科教学、实践活动、校园文化、家庭教育和校外资源的作用,通过多渠道、多形式的教育手段,帮助学生形成健全的人格和良好的品德。只有这样,才能真正实现全面育人的教育目标。

(三)小学生的交往与学习指导策略

1.小学生的交往指导策略

(1)人际交往的认知。人际关系是人与人之间由于交往而建立起来的一种直接的心理关系,它反映了个人或群体寻求满足其社会需要的心理状态。社会是由人构成的，我们生活在社会群体中，不可避免地与各式各样的人相互交往，在交往中，人们互相影响，从而形成了各种各样的人际关系。良好的人际关系对小学生身心健康、学习、个性等发展具有极其重要的影响。

小学生作为一个特殊群体，正处在各方面初步发展的阶段。良好的社会关系，有利于小学生人格的健全和社会个性化的发展。

小学生生活的环境不是真空，生活中到处都在与人交往。小学生处在心理与行为发展的关键期，他们迫切需要更多的交往，渴望与外部世界发生更多的联系。而在小学阶段，师生之间、同龄伙伴之间、高年级同学与低年级同学之间、男女同学间的交往、正式群体和非正式群体的交往、在家庭里与父母亲朋的交往，为小学生这一需要的满足提供了交往的条件。如果给予这一年龄阶段的儿童必要的帮助和指导，人际交往能力和习惯就可以迅速发展起来。文明交往及其习惯的养成对于儿童的终身发展有着重要的意义。

(2)亲子交往的指导策略。亲子关系是儿童与父母之间建立的一种人际关系。它是在家庭生活中逐渐形成并发展起来的。虽然学生进入小学之后，各种各样的人际交往逐渐丰富起来，但是小学生与父母之间的关系对小学生的发展仍起着重要的作用。在家庭中，父母往往通过教导、强化、榜样的方法对儿童施加影响。

第一，亲子交往的主要作用。与同伴关系和师生关系相比，亲子关系是小学生社会交往中出现最早、持续时间最长的一种人际关系，它具有较强的稳定性。亲子关系具有自己的特殊性，即从心理意义和社会资源两方面来看，亲子关系是一种不对称的相互作用关系。亲子关系对小学生心理发展主要有以下影响：

一是亲子关系对小学生人格有一定的影响。家长对待子女的态度在很大程度上影响着儿童的身心发展，父母的教养态度直接影响到子女的人格发展。权威型父母和儿童关系比较融洽，一般比较温和、慈祥、诚恳，在约束性和自主性之间掌握一种平衡，在这种家庭里成长起来的孩子一般独立性、主动性、探索性较强。专制型父母把听话视为优点，认为孩子必须接受家长的想法。专制型父母往往不考虑孩子的个性，他们强调控制，却不通过培养和支持来获取，随便使用权势，不鼓励儿童对父母的决定和规则有不同的表示。在这类父母影响下的孩子，往往具有中等程度的自我信赖，同时也会产生不满、退缩和怀疑的心理。容许型父母很少给孩子设限或者根本不加控制，没有要求。这类父母随意地使用奖惩，没有一定的规则，对成熟的行为要求较少，很少注意儿童独立性和自我信赖的训练。在这类父母影响下的孩子，自我信赖、探索性和自我控制力较差。

二是亲子关系对小学生的心理素质有一定的影响。学校因素、社会因素、个体差异、家庭因素对小学生的心理素质都起到一定的影响作用，其中家庭因素具有特殊的意义。

三是亲子关系对小学生学习成绩的影响。父母参与学校活动的程度和水平、父母与儿童的交往质量、父母对子女的期望和父母的文化程度、家庭氛围影响着学生的学习成绩。亲子关系融洽使小学生感到轻松愉快，产生积极的情绪体验，小学生的归属感、安全感和幸福感能够在家庭中得到满足，从而对父母更亲近，更容易产生报答父母养育之恩的内部学习动机，学习行为更主动，更持久。

第二，亲子关系的特点及指导策略。虽然小学生的人际交往逐渐丰富起来，与同伴的交往也明显增多，但与父母仍保持着亲密的关系，小学生与父母的关系在其发展上仍起着重要作用。亲子关系的指导策略主要从以下方面探讨：

一是父母方面。班主任应通过家访、家长会等各种方式帮助父母正确理解亲子关系在儿童成长中的重要作用，主动学习家庭教育的知识，尊重儿童，尊重儿童成长规律，掌握正确的家庭教育方式，与孩子建立民主、平等、亲密的亲子关系。

二是儿童方面。班主任应教育儿童尊重父母、关心体贴父母、孝敬父母,并结合各种实践体验活动学会为父母分忧,将对父母的爱落实到具体的行动上,学会真正地爱父母。

第三,同伴交往的指导策略。随着小学生年龄的增长,交往范围日益扩大。从与父母亲朋的交往,扩展到与家庭以外的其他个体进行交往,而年龄相仿,发展水平相近的同伴将成为他们重要的交往对象。虽然在小学生的发展过程中,父母起着重要的作用,但同伴交往的作用却是父母所不能代替的。同伴交往的频率和深度都进一步发展,同伴关系与亲子关系、师生关系相比,具有特殊性。一般而言,小学生与成人的交往关系是不平等的,主要是照顾者、教育者与被照顾者、被教育者之间的关系。但是,同伴交往具有平等性,这一特殊性质的人际交往为学生社会交际能力和社会判断力的发展提供了全新的探索和体验。

一是真诚地关心同伴。每个人都希望得到别人的关心和注意,这是一种正常需要。当关心同伴时,会给同伴带来温暖、安全、可靠,有利于缩短同伴之间的心理距离,有利于同伴之间形成融洽、友好、亲密的关系。在与同伴相处中,对同伴要热情、关心、体贴,要尽己所能满足对方的合理要求;主动无私地帮助有困难的同伴。

二是宽容地对待同伴。同伴之间会有不同的个性特征和行为表现方式,同伴相处中也会有被人误解、被人嫉妒和被人背后议论之类的事情发生,要建立良好的同伴关系,就要引导学生正确认识个体差异存在的客观事实;允许别人自由行动或判断;耐心而毫无偏见地容忍与自己的观点或公认的观点不一致的意见。教育学生要能宽容异见、宽容别人、礼让别人、有气量。

三是提高人际交往主动性。人际关系是在"互动"中发生联系和变化的。要想建立良好的同伴关系,彼此的交往是前提,因此班主任要提高学生人际交往的主动性。帮助学生正确认识人际交往的重要性,同时还要创造机会,对学生进行主动交往的实践训练,例如在紧张的学习生活之余,主动找同伴谈心,讨论某些问题,交换一些意见,互相传递信息。在实践训练之后，进行经验总结，进一步强化主动与同伴交往的行为。

第四，师生交往的指导策略。师生关系是小学生人际关系中一种重要的关系。小学教师与其他学段的教师相比，具有独特的特点。小学教师比幼儿园教师要求更为严格，既引导学生学习、掌握各种科学知识和社会技能，又监督和评价学生的学业、品行。与中学教师相比，小学教师的关心帮助更加具体细致，也更具有权威性。由于小学师生关系的特殊性，小学教师对儿童的影响是重大而深远的。

一是师生交往的重要作用。首先，良好的师生关系是教育活动取得成功的必要保证。小学生对某一门课程的喜爱往往是由喜欢某位教师开始的，良好的师生关系，有利于激发学生的学习动机。“亲其师，信其道”，良好的师生关系能使学生在学习过程中产生安全感、信任感；如果师生关系好，教师对学生有较高的期望，教师会给予学生较多的关注，有利于激发学生学习的兴趣和积极思考，教师对学生提出的要求也有利于转变为学生自觉地学习行为。良好的师生关系有利于教师高水平地发挥教学能力，实现教学相长。但是，如果师生关系紧张、对立、互不信任，则会影响教育教学活动的顺利进行。其次，良好的师生关系是影响教师和学生学校生活质量的重要因素。师生关系是一个班级的班级氛围的整体反映，建立良好的师生关系有利于形成民主宽松、生动活泼的班级风气，能促进学生的心理健康发展，能带给学生和教师轻松、幸福和快乐，终而影响着教师和学生的学校生活质量。最后，良好的师生关系本身具有直接的教育意义。良好的师生关系不仅对教育教学起到重要作用，而且，其关系本身也在生成着教育资源。每个教师都是具有独特个性的人，师生交往是师生个性碰撞、人格碰撞的过程，良好的师生关系有利于小学生心理健康的发展。同时民主平等的师生关系对学生的人际交往、信任感、民主平等的意识和行为、尊重他人等方面产生影响。

二是良好师生关系的建立对策。首先，建立良好的师生关系要求教师要建立正确的学生观，尊重、热爱学生，承认个别差异。在教育过程中，学生是发展的主体,教师在教育过程中起主导作用,教育效果取决于学生主观能动性的发挥。正确的学生观是良好师生关系建立的基础,在师生交往中,教师既要承认学生是发展的主体,还必须承认学生是具有差异的个体,尊重并热爱具有不同特点的个体,有利于建立良好的师生关系。其次,客观公正地评价学生,平等地对待每一个学生。在教育教学活动中,教师与学生承担的任务不同,扮演的角色不同,享有的权利不同,但他们的地位是平等的,都具有独立的人格,拥有平等对话的权利。教师在教育过程中,每个学生都有优缺点,教师在分析和评价学生时要客观公正,避免受个人主观好恶的影响,既要看到优等生的优点,也要看到优等生存在的不足;既要看到后进生的不足,更要善于发现后进生的闪光点,只有客观公正地分析和评价学生,才能真正平等对待每一个学生,真正建立良好的师生关系。再次,改善师生心理环境,无条件地接受学生并对学生有移情性的理解,学会赏识、激励和宽容,善于向学生表现自己良好的期望。学生是发展中的个体,发展中意味着学生还不成熟,会出现这样那样的问题。对此,教师应用发展的眼光看待学生出现的问题,要无条件地接受学生,并能站在学生的角度理解和分析问题,用宽容的态度激励学生。最后,加强自身修养,保持平和心境并掌握褒贬技术;恰当使用权力,用权要合法、合理、合情。良好师生关系的建立,需要教师的威信。教师的威信提高需要教师自身修养的不断提高。教师应加强学习,不断提高自己的教师素质和教育教学水平。

2.小学生的学习指导策略

(1)理解小学生特性,奠定指导基础。小学生正处于身心快速发展的关键时期,他们的注意力易分散,好奇心强,但自我控制能力相对较弱;同时,他们的思维方式正从具体形象思维向抽象逻辑思维过渡,对知识的接受和理解能力逐步提升。因此,制定学习指导策略的首要任务是深刻理解小学生的这些特性,以此为基础设计教学活动和管理措施。教师应成为学生的引路人和伙伴,通过耐心倾听、细心观察,准确把握每位学生的学习风格、兴趣点及面临的挑战,为个性化指导提供依据。

（2）激发学习兴趣，培养内在动力。在班级管理中，教师应积极创设生动有趣的学习情境，利用游戏化学习、项目式学习等多元化教学模式，将枯燥的知识转化为有趣的探索任务，让学生在“玩中学，学中玩”，从而激发其浓厚的学习兴趣和探索欲望。同时，通过展示学习成果、表彰优秀表现等方式，增强学生的成就感和自信心，进一步激发其内在的学习动力。此外，鼓励学生根据自己的兴趣选择学习内容或参与课外活动，也是培养其自主学习能力和终身学习习惯的有效途径。

（3）建立良好学习习惯，奠定终身学习基础。良好的学习习惯是小学生未来学习生活的宝贵财富。在班级管理中，教师应注重对学生学习习惯的培养，包括时间管理、预习复习、笔记记录、作业独立完成等方面。通过制定明确的班级规则和学习计划，引导学生逐步养成自律、专注、勤奋的学习态度。同时，利用榜样的力量，表扬和展示具有良好学习习惯的学生案例，激励其他学生效仿和学习。此外，教师应定期与学生进行一对一的学习习惯反馈交流，针对具体问题提供个性化指导，帮助学生逐步克服不良习惯，形成稳定的学习行为模式。

（4）实施差异化教学，促进个性化发展。每个小学生都是独一无二的个体，他们在学习能力、兴趣爱好、性格特点等方面存在差异。因此，在班级管理中实施差异化教学显得尤为重要。教师应根据学生的不同需求和能力水平，设计分层次的教学目标、教学内容和评价方式，确保每位学生都能在适合自己的节奏下学习成长。通过小组合作学习、个别辅导、分层教学等策略，为学生提供多样化的学习路径和支持，促进其个性化发展。同时，教师应鼓励学生相互学习、互相帮助，形成积极向上的班级学习氛围。

（5）强化家校合作，构建全方位支持体系。小学生学习指导策略的有效实施离不开家庭的支持与配合。在班级管理中，教师应积极建立家校沟通机制，定期与家长交流学生的学习情况、心理变化和成长需求，共同商讨教育策略。通过家长会、家访、家校联系册等多种形式，增进家校之间的理解和信任，形成教育合力。同时，教师应向家长传授科学的教育理念和方法，引导家长树立正确的教育观和成才观,为孩子创造温馨和谐的家庭学习环境。家校携手,共同为小学生的全面发展提供全方位的支持和保障。

(6)关注心理健康,营造安全成长环境。小学生的心理健康是其全面发展的重要组成部分。在班级管理中,教师应密切关注学生的心理变化,及时发现并妥善处理学生的心理问题。通过开设心理健康教育课程、开展心理健康主题活动等方式,普及心理健康知识,提高学生的心理调适能力。同时,教师应建立班级心理支持系统,鼓励学生表达情感、分享困惑,为他们提供必要的心理支持和疏导。此外,教师还应与家长保持密切联系,共同关注孩子的心理健康状况,共同为孩子的健康成长保驾护航。

(7)利用信息技术,拓展学习空间。随着信息技术的飞速发展,其在教育领域的应用日益广泛。在班级管理中,教师应充分利用信息技术手段,拓展学生的学习空间和学习资源。通过构建数字化学习平台、引入在线教育资源、开展网络互动学习等方式,为学生提供更加丰富多样的学习体验和机会。同时,教师应指导学生合理使用信息技术工具,培养其信息素养和网络安全意识。通过信息技术的有效应用,不仅能够提升学生的学习效率和兴趣,还能够促进其创新思维和实践能力的发展。

综上所述,小学生的学习指导策略是班级管理中不可或缺的重要组成部分。它要求教师深刻理解小学生的身心特性和发展需求,以激发学习兴趣、培养良好习惯、实施差异化教学、强化家校合作、关注心理健康以及利用信息技术为核心策略,构建一个有利于小学生全面成长的学习环境。在这个过程中,教师需要不断学习和探索新的教育理念和方法,不断提升自身的专业素养和教育能力。同时,也需要与家长和社会各界保持密切合作与沟通,共同为小学生的美好未来贡献力量。

二、小学班级管理方法

(一)小学班级制度管理法

小学班级制度管理法是班主任通过制定规章制度,并运用规章制度管理班级的方式。班主任要达到设定的班级管理目标,并最终实现学校的教育目标,就必须对学生的某些行为进行引导和约束,以规范学生的行为。这就必须建立健全科学的、行之有效的规章制度,并贯彻这些规章制度,保证班级工作有秩序、有成效进行。班主任所运用的规章制度可分为三个层次:一是国家教育行政部门制定的各种制度,如学生成绩考查和升留级制度、学生考勤制度、奖惩制度等;二是依据上述制度制定的校内规则,如课堂规则、请假规则、阅览室规则、图书馆规则、实验室规则、生活作息制度、卫生扫除和卫生检查制度、公务管理和借用制度等;三是班级组织制定的各种管理制度。

1.实行制度管理法的作用

制度管理对于完成教育教学任务有重大作用,它能够保证班级工作有效进行,使学生的行为规范化,提高班级工作的效率。班级制度化管理能够利用其对学生的强力约束、高效管理服务于教学工作,从而促进小学生的学业发展。深入贯彻执行各项规章制度对于培养学生的正确思想、观点,进行自觉纪律教育,培养良好行为习惯,形成良好道德风尚,树立良好班风都有重要作用。班级制度化管理能促进良好学风、班风的形成。从实践角度来看,严格实施制度化管理的班级,都能形成井然有序的课堂秩序以及良好的学风、校风。实行班级制度化管理,在经过一定时间的养成教育后,绝大部分学生都能具备遵规守纪、服从管理的习惯,互勉共进、不断进取的集体主义思想。

2.运用制度管理法的要求

(1)让每个学生都了解规章制度的内容和意义。通过各种宣传形式进行宣传,提高学生执行规章制度的自觉性。要通过说理教育法的各种形式向学生说明制定制度、规则的目的和意义,要结合实际讲解制度和规则的内容,使学生知道怎样做、要这样做的原因,不应该做哪些、不能做的道理。

(2)严格要求,认真检查督促。各种规章制度公布实行以后,要严格检查督促,使学生严格按要求执行,坚决杜绝违反制度、规则的现象,保证规章制度的贯彻执行。

(3)执行规章制度要反复训练,形成习惯。这就要长期地坚持不懈地教育和训练,使之变成学生的习惯。班主任运用制度管理法,提出新的措施性制度,关键在于执行。

(4)处理好刚性管理与柔性管理的关系作为一种常用的管理方法,班级制度化管理相对来讲是一种刚性化管理,力求使学生做到有令必行,有禁必止;严肃认真,动静结合;整齐划一,协调一致。由于制度管理的刚性作用,使得不同性格的学生长期处于被动服从状态,长此以往,使他们感到压力重重,很容易产生逆反心理。所以,在班级管理中还必须依靠鼓励、感化、引导等手段对学生进行柔性化的管理。管理工作的前提和基础是刚性的制度,而柔性管理是刚性制度管理的“升华”。要想更加深入实施班级的刚性化管理,一定的柔性化管理是不可或缺的,将二者有机结合才是班级管理工作的最佳形式。

(二)小学班级民主管理法

1.实行民主管理法的作用

民主管理班级可以提高小学生的主体意识,增强小学生的社会责任感。班主任在班级学习和生活过程中,发扬民主精神,让学生参与管理,使学生处于主体地位,从而产生主体意识和社会责任感,有利于形成自我管理能力。民主管理可以使学生从小受到民主的熏陶,有利于养成民主作风。班主任经常用民主集中制的办法处理班级事务,可以使学生耳濡目染、潜移默化地受到教育,有利于学生接受民主思想和民主作风,有利于学生将来参与社会的民主生活。班主任运用民主管理的方法,能够体现师生平等,有利于师生之间思想与情感的沟通,营造和谐的班级气氛,为教育教学提供良好的环境。

2.运用民主管理法的要求

(1)班主任要具备民主管理的理念。民主管理的理念是民主管理行为的先导，没有民主管理的理念，就不会有民主管理的行为。民主管理的理念就是现代管理理念，它是班级管理由传统方式向现代管理方式转变的标志之一。只有实现了管理理念的突破，班级管理才会有质的飞跃。教师要充分尊重学生，树立班级民主管理的信心。

（2）用平等的人际关系代替专制的人际关系。确立平等的师生关系是实行民主管理的关键。只有把学生看成与管理者平等，民主管理才有可能落实。班主任只有尊重学生、理解学生、信任学生，才能更好地发扬民主精神。

（3）充分发扬民主精神，努力把班级的民主管理渗透到各个方面。用民主管理的方法，就要实行真正的民主，而不能走过场，搞虚假的民主。这就要求班主任把民主管理体现在各个方面，遇事和学生商量、研究，把民主坚持到底。应该学习的内容、怎样才能学好、对犯错误的同学应该怎样处理等，都应该用民主的方法，真诚地和大家商量，坦诚地交流思想、交换意见。

（4）注重教师引导与学生主动参与的统一。在教育和被教育的过程中，教师是引导者、组织者、协调者；学生不是被动者、旁观者，是热情的参与者、见证者。民主管理强调教师的引领和指导，不是包办、代替，更不是放任自流。教师要尊重学生，培养学生主动参与班级民主生活、参与班级环境建设、影响班级决策、促进班级成长和变革的能力。

（三）小学班级量化管理法

量化管理法是把小学生的日常行为要求、班规班约、学习成绩、思想品质等转化为具体的量值，使小学生的各项表现都尽可能地通过具体的数量值来体现并进行考核、评定，再在量化考核的基础上，进行分类管理、因材施教、分类推进，从而使全班学生共同进步，达到提高学生整体素质的目的。实行量化管理的目的是通过学生的自我管理，使学生由被动的受约束向主动自觉转化，能促使班级的管理工作科学化、制度化、标准化，从而把班级的管理工作提高到一个较高的水平，同时提高学生的素质，以适应素质教育的要求。

量化管理法使不同层次、不同类型的小学生各方面的情况都能及时地反映出来，一旦他们有进步，都会受到表扬和奖励，从而提高了各个层次学生的积极性和主动性。所以，不管学生成绩怎样、表现如何，他们都能乐意接受这种管理方法，从而积极、主动地投入这种管理中来。量化管理法使小学生明确了自己在班级中所居层次，从而学有榜样、赶有目标，促使整个班级成为刻苦学习、积极向上、你追我赶的先进群体，使学生德、智、体、美、劳全面进步，从而达到提高学生整体素质的目的。

1.班级德育工作的量化管理

班级德育工作是关系到能否把小学生培养成为有理想、有道德、有文化、有纪律的新一代，关系到社会主义事业的成败、国家和民族的前途和命运的一项战略任务。在以往的德育中，虽然方法很多，效果也不错，但直观性、可操作性差。文明礼貌教育是德育最基本的内容之一，实施"文明礼貌行为"的量化管理，是增强德育工作可操作性的突破口。首先，将《学生文明礼貌要求细则》随班级手册一起印发给每一个学生，让他们知道在学校、家庭以及社会中应做到的行为、语言规范。同时可以模拟环境对学生进行规范训练，使其言行有所参照和依据。其次，通过与学校、家长、街道的联系，经全体学生讨论，制定出各项考核内容的奖惩细则，即考核的量化标准——加减分标准。最后，值日班长每天对每个同学的在校行为进行考核、记录，考核小组通过与家长联系对每个学生的家庭行为每周进行一次考核，通过与街道联系对其社会行为每月进行一次考核。

2.班级组织纪律的量化管理

班级是学校的基础组织，是学校进行教育教学工作的基本单位，班级的良好的组织纪律将是顺利完成教育教学任务的一个重要保证。班级是一个小小的社会，每个班级都有各自独特的秩序、独特的文化和独特的管理方法，可以通过班级公约之类的班规对学生的组织纪律进行量化管理。首先，为了便于管理，可以经同学讨论，制定出课堂、课间自习等方面的组织纪律量化考核标准，使学生的在校行为有一个评价的准则。其次，针对上述的考核标准，制定每一项考核的奖惩分数，以便于具体管理。如上学迟到者扣1分，课堂、自习时间闲聊者扣2分，课间在教室及走廊内大声喧哗、玩耍者每人次扣1分，做操动作不规范者扣1分等，从而使班级的组织纪律的管理工作有一个考核的量化标准。最后，值日班长按照考核细则，及时制止违纪现象，并做好记录，填写班务日记。考核小组检查、核实记录情况，以使考核工作公正进行。

3.班级劳动卫生的量化管理

劳动意识的培养、劳动技能的掌握是素质教育中能力培养的一个重要组成部分。班级的值日生工作将是培养学生劳动意识，提高劳动技能的重要途径之一。通过对小学生值日生工作的量化管理，可能从一个侧面定量地反映出学生劳动意识的强弱，劳动能力的高低，使他们对自己的劳动能力在班级中所处的位置有一个较清楚的认识。首先，制定出《值日生工作职责》，将值日分担区所要求达到的卫生标准确定下来，然后将责任具体到人，使值日工作事事有人做、人人有事做；其次，全体同学讨论、确定各责任区的劳动强度，并根据各责任区的劳动强度不同，制定各责任区的考核的量化值；最后，值日班长进行卫生检查，对出了问题的责任区，先责令该责任区的负责人按卫生标准重新工作，然后按事先制定的劳动卫生考核标准加减此项目分数，并记入班务日记。

4.班级学习的量化管理

学习科学文化知识是在校学生的根本任务之一，全面素质教育要求小学生在学习过程中逐步锻炼自己的自学能力、独立思考能力、语言表达能力、写作能力、思维能力、记忆能力、创造能力等。这些能力的高低如何反映出来，反映出来后又如何评价是一个较难掌握的问题。通过学习的量化管理，对一个学生上述能力的评价就有一个系统的考核。首先，确定学习质量的标准体系。学生各种能力的高低，通过小学生在课堂的表现、作业完成情况、考试分数都可以反映出来。这些方面质量标准体系的确定，是由任课教师根据不同学科特点而制定完成的。其次，确定考核的量化体系。任课教师根据所确定的各科的质量标准，再制定出本科的考核量化标准，然后，班主任将各科汇总、平衡，从而制定出学习方面的量化体系。最后，确定量化考核的操作体系。此项目的操作是由任课教师、考核小组共同完成的。任课教师每堂课、每次作业批改，都要认真做好考核记录。考核小组对任课教师的考核记录一周汇总一次。

5.学生特长发展的量化管理

素质教育强调以人为本，最大限度地鼓舞和支持学生充分自由、自主、丰富多彩、生动活泼地发展。可以通过以下步骤做好学生特长发展的量化管理工作：首先，鼓励学生在全面发展的基础上充分发挥其个性特长，找出自己的兴趣点，以前没有明显兴趣点的要逐步培养、发现；其次，通过讲座、训练等手段，使学生的个性特长上档次、上水平，以适应社会发展的需要；最后，给学生创造个性特长得到表现、承认的机会，鼓励学生参加各种竞赛活动，提高参与意识。

学生特长发展的考核方法可以参照这样的标准：有特长的一项加2分，获班级特长竞赛奖加2分，获校级特长竞赛奖加3分，获市级以上特长竞赛奖加5分等。以上诸方面的考核，一周进行一次小结、一学期进行一次总评，对每一位学生各方面能力进行评价。考核评价使学生对自己的能力发展有一定认识，教师对每一位学生的能力发展有一个全面的了解，也为指导以后的教学工作提供了一个可靠的依据。

（四）小学班级情感沟通法

情感沟通是一种理性和感性的混合交流，要维持班级群体管理的动态平衡，沿着既定的目标迈进，就要通过健全灵敏的沟通结构来实现。师生、生生之间平等的情感沟通，是班级集体和谐发展的关键。班级情感沟通结构应为混合多向型，这种结构既注重班主任（包括科任教师）与学生之间的纵向沟通，又重视学生之间的横向沟通。这种沟通使班级师生之间的思想行动一致，学生之间互相关心、互相谅解、互相照顾、密切联系、协调配合。

1.实行情感沟通法的作用

在班主任工作中，师生之间的情感交流如何，直接关系到教育目标的实现和教育效果的好坏。在对小学生进行道德品质教育的过程中，教师所提出的要求要转化成学生的行为，需要加强师生之间的沟通和对学生道德情感的教育。爱在师生之间的传递，能够协调师生之间的关系。教师与学生的情感沟通是班级人本化管理的首要策略，是做好班级一切工作的基础。班级情感沟通方法有利于教师利用情感与学生沟通，努力接近学生，在各个方面尽其所能帮助学生，从而彻底消除学生的戒心，缩短师生双方的心理距离，形成和谐融洽的师生关系，让学生切身感受到班主任是他们的亲人、领头人，以便于师生之间搭建起相互信任的桥梁。

2.运用情感沟通法的要求

教师与学生的情感沟通是以心换心的沟通。教师只有真正深入学生的心灵深处，了解学生的心理需要、学习动机和发展需求，才能建立起和谐的师生关系，达到情感沟通的效果。

(1)关注学生的需要是情感沟通的基础。美国人本心理学家马斯洛把人类的需要由低到高分为五个层次，即生理、安全、社交、尊重、自我实现的需要。学生这五种需要是否得到满足，主要取决于教师在班级管理中对学生精神待遇的高低。因此，教师要努力提高学生对精神待遇的满意度。

(2)尊重与欣赏学生是情感沟通的重要前提。尊重、理解、宽容、欣赏是人际交往的重要内容，也是精神需求的内容。“尊重”被认为是人的一种基本需求，人的这种渴望尊重的需求是否得到满足，将直接影响到一个人的发展。因此，教师要尊重学生的个性，尊重学生的人格，理解学生的思想感情，宽容学生的过失，欣赏学生的进步，让每一名学生拥有归属感和安全感。

(3)建立和谐的师生关系是情感沟通的关键。要建立和谐的师生关系最重要的是情感投入，最基本的环节是信任。如果信任出现问题将会挫伤学生的积极性，因此，教师应努力构建以信任为本的师生关系，让每一名学生享受到真诚的温暖与和谐，进而激发其强大的学习热情，为班级的发展增添生机与活力。

3.情感沟通法的运用方法

（1）倾听法。倾听体现了对学生的尊重。在小学阶段，学生的自我意识飞速发展，他们渴望被家长理解、被同学尊重、被教师信任。在教育教学中，尊重学生自我意识发展的有效途径之一就是倾听他们的声音，感受他们的成长。当学生表达自己的观点和意愿时，班主任认真倾听，就会使学生感受到尊重和信赖。倾听是打开学生心灵的钥匙。学生在成长过程中常常感到疑惑、迷茫，此时他们往往选择向班主任“求助”的方式，把自己在学习和生活中的种种不如意和困惑向班主任倾诉。这时倾听就是对学生最好的鼓励和帮助。倾听学生的心里话，有利于洞悉学生的心理状态，从而促进师生情感的沟通。倾听时要注意以下方面：①要体察对方的感觉。一个人感觉到的往往比他的思想更能引导他的行为。体察感觉，意思就是指将对方的话背后的情感复述出来，表示接受并了解他的感觉，有时会产生相当好的效果。②要注意反馈。倾听别人的谈话要注意信息反馈，及时查证自己是否了解对方。不妨这样：“不知我是否了解你的话，你的意思是……”一旦确定了对他的了解，就要给予积极实际的帮助或提出建议。③要抓住主要意思，不要被个别枝节所吸引。善于倾听的人总是注意分析哪些内容是主要的，哪些是次要的，以便抓住事实背后的主要意思，避免造成误解。④要关怀、了解、接受对方，鼓励他或帮助他寻求解决问题的途径。

（2）谈心法。谈心是一种有助于交流情感、互通情况，并能够有针对性地做好学生的思想工作、体现人文关怀的有效沟通方法。谈心时应注意讲究方法：一是交心，以诚相见，推心置腹，不能言不由衷；二是要与人和善，既要指出缺点，又要注意正面教育；三是要平等待人，设身处地；四是要耐心疏导，由浅入深，逐步解开其心中疑惑。

(3)活动法。学生非常渴望班级开展活动,然而其心态是复杂的:一方面想通过活动表现自己,另一方面又担心教师把活动变成说教课。班级管理过程中要想通过活动达到师生彼此交流的目的,就必须抓住学生的年龄特征与心理特点,否则师生间的距离会越拉越大,也就谈不上情感交流了。活动中教师必须放下架子参与活动之中,不能用教师自己的地位或手中的权力去压制学生,应该使学生感受到自己是他们中的一员,与他们是利益共同体,目标是一致的,这样学生才会消除对教师的心理防备,开始讲真话,谈烦恼,把教师当作寄托和倚靠,才会与教师开诚布公地交流,师生之间的默契就是在这类活动中逐步形成的。

(五)小学班级自主管理法

自主管理法是班主任让班级成员依据教育目标的要求以及自己和组织自身的特点,独立自主地管理班级活动的管理方式。这种方法的特点强调学生是班级管理的主体,扩大他们自主活动的领域,让他们独立自主地对班级的事务进行组织决策,制定规则,组织实施,相互协调,自我监督和评价。自主管理法,虽然是在班主任的指导之下,但不是完全依照教师指令,在教师直接或间接控制下被动执行的管理,而是在明确自身目标的条件下,在教师的一般要求下,根据自己的需要、动机、能力、爱好等特点而进行的自觉自主的创造性的管理活动。这种管理方法体现了对小学生主体地位的肯定。

1.实行自主管理法的措施

(1)定期变换管理角色,为小学生自主管理创造条件。为了给每一位学生以平等的学习和锻炼机会,使学生主动参与班级事务,让每个学生都能体验到当班干部的滋味,可以每天安排一名学生作为值日班长:协助班主任全权负责班级的管理工作,尤其是对学生的日常行为、出勤、课堂纪律、作业完成、礼貌、卫生等情况进行监管,对班级学生一天的表现进行记录,重大问题及时向班主任汇报,在班会上,可对班级存在的问题、发展方向、建设意见等进行发言。这对班级建设来讲,应该有积极的作用,对学生的良好习惯的培养、形成,其作用是非常明显的。

(2)设置多样化小组,为小学生自主管理提供机会。小组是班集体组织机构中最基本、最活跃的组织形式。按其活动内容的不同,可以建立班务管理小组(如墙报编辑小组、财务管理小组、图书管理小组、卫生监督小组、生活服务小组等)、学习小组、各种课外兴趣小组、运动队和校外小组等。每一个学生都可以加入若干个小组,扮演各种角色,接受集体的积极期望。同时让小组成员共同制定目标和活动内容,在小组中当家做主,学会自治。他们活跃在校园内外,在各种小组活动中发挥自己的积极性和创造性。还可以开展小组擂台赛,加强班集体对各小组活动的评价、督促和班主任对各小组活动的指导,确保每个小组的活动对学生个体产生积极影响,充分调动每一个小组和个体的主动性。

(3)创设民主氛围,让小学生获得自主管理的成就感。力求在集体及社会中表现、体验和感悟自我价值是主体性发展的根本动力。为了使每个学生都有展示才能,获得成功的机会,应该根据学生兴趣、爱好、能力、特长、需要等把班级内的各种管理职能分解为一个个具体明确的岗位,如建立学习互助岗、环境保护岗、文体活动岗等,甚至细致到将班级琐碎工作分为十多个小方面。除每个四人小组选派一人负责前后两桌的地面及抽屉卫生外,其余的诸如图书管理、讲台桌的整理、花卉的浇灌、电化教具的保管检查、清洁用具的摆设、粉笔的保管、摆齐桌凳成线、墙壁保洁、学校通知的记录与传达等均设立了相应的岗位,力求使每一个学生都能在班级管理中找到自己满意的位置,做到“人人有岗位”,让学生在发挥作用中看到自己的价值,在班级中取得有利的地位,从而激发其参与班级活动的积极性和主动性。

2.运用自主管理法的要求

自主管理的主体是小学生,班主任和任课教师是管理的参谋者、指导者,学生自治和直接参与班级教育教学管理的探索不仅是加快学校民主管理进程,从而提高班级管理效益的重要手段,更是一种提升学生主体意识,培养合格公民的教育策略。学生自主管理的第一要事是转变班主任、任课教师的传统观念，大胆放手，切实做到让学生成为班级的主人。真正实现学生自主管理需要做到以下方面：

（1）让学生自定目标。学校应将新学年第一个月定为目标教育月，各班根据学校、年级组的整体目标分头制定明确的班级奋斗目标，每个学生根据班级目标制定个人具体目标，自我加压、自我激励。

（2）让学生自定班规。各班以学校规章制度为依据，根据自己班级的实际情况，在每一位学生直接、民主地参与下制定集体生活的规则，让学生用自己制定的制度来约束自己，不断培养自我调控、自我管理的能力，以达到自主管理的目的。

（3）试行“班委竞选制”“班干部轮值制”。通过自荐和他人举荐相结合的方式产生候选人，候选人发表竞选演说后，由全班同学投票产生班委会，班委会通过班干部轮值制度对班级实施管理。“班委竞选制”“班干部轮值制”的实行，为更多的学生提供了发展主体意识、提高服务能力的舞台，使学生在实践中“学会合作、学会负责、学会做人”。

（4）班级事务实行“包干负责制”。每个班级的事务管理应坚持“人人有事干，事事有人干”的原则，做到人人参与班级管理，服务工作岗位明确，责任到位。

（5）建立“班级教导会”制度。班干部通过定期召开（两周一次）由本班所有任课教师和学生代表参加的班级教导会，分析学情、教情、班情，及时反馈任课教师和学生之间的意见、建议，形成民主、团结的班集体。

第二章 小学班级组织建设

第一节 班级组织建设的重要性

班级组织建设是促进小学生全面发展的关键环节，班级组织建设不仅仅是教育管理中的一部分，更是塑造学生个体成长、班级氛围以及学校文化的重要因素。通过系统性、科学性的班级组织建设，能够实现教育目标的最大化，促进学生的全面发展，提升学校的整体办学质量。

一、班级组织建设推动学生个体成长

班级组织建设在小学生个体成长中扮演着不可或缺的角色。首先，班级组织建设提供了学生展示自我、发展才能的平台。在班级活动、集体项目中，学生能够在实际操作中锻炼自身的领导力、组织能力和协作能力，这些软技能在现代社会中显得尤为重要。例如，班级的班委会、各类兴趣小组以及课外活动，都是学生提升自身能力、发现自身潜力的重要途径。其次，班级组织建设有助于学生良好品格的培养。通过班级规范、集体荣誉感的塑造，学生能够在日常生活中潜移默化地形成良好的道德观念和行为习惯。班级中的民主选举、责任分工、互助合作等机制，使学生在参与中学会尊重他人、理解规则、承担责任，进而提升自身的社会适应能力和道德水平。此外，班级组织建设对于学生心理健康的发展也具有积极作用。一个良好的班级组织能够为学生提供安全感和归属感，减轻他们在学习和生活中的压力。班级中的相互关心、支持与鼓励，使学生在遇到困难时能够感受到集体的温暖和力量，增强其心理韧性和应对挑战的能力。这种心理上的支持对于学生的整体成长具有深远的影响。

二、班级组织建设塑造班级整体氛围

班级组织建设是塑造班级整体氛围的核心因素，一个有序、和谐、积极向上的班级氛围，是所有教育工作者所追求的目标，而这离不开科学有效的班级组织建设。

第一，班级组织建设能够营造良好的学习氛围。通过合理的班级管理制度、有效的激励机制和丰富的课外活动，可以调动学生的学习积极性，形成共同进步的良好学习风气。例如，班级内的学习小组、学术竞赛、课外阅读活动等，能够激发学生的学习兴趣，促进他们在学术上的不断提升。

第二，班级组织建设有助于建立班级的集体荣誉感。集体荣誉感是学生共同的心理基础，是班级凝聚力的重要来源。通过班级的共同目标、集体活动和荣誉奖励，学生能够在集体中找到归属感，愿意为班级的荣誉和进步贡献自己的力量。这种集体荣誉感不仅提升了班级的凝聚力，也在无形中培养了学生的团队精神和集体主义观念。

第三，班级组织建设有助于构建和谐的人际关系。班级中的人际关系直接影响到学生的学习体验和生活质量。通过班级组织建设，教师可以有效地协调班级内部的关系，化解矛盾，促进学生之间的理解与合作。在班级活动中，学生能够学会与不同性格、背景的同学相处，尊重差异，包容他人，从而形成和谐的班级氛围。

三、班级组织建设促进学校文化发展

小学班级组织建设的价值和作用在于如何更好地引导学生学习文化基础知识、掌握生活基本常识、更全面地打好基础。[①]班级组织建设在学校文化的形成和发展中起到了基础性和推动性的作用。学校文化是一个学校的精神风貌和教育理念的集中体现，而班级组织建设则是学校文化的重要组成部分和具体实践。

---

①张巧鸽.小学班级组织建设融入乡土文化策略[J].散文百家，2021(6).

第一,班级组织建设是传承和弘扬学校文化的重要途径。学校的文化理念、价值观和行为规范需要通过具体的班级活动来传递和落实。通过班级的日常管理、集体活动和主题教育活动,学生能够深入理解并认同学校的文化,从而在潜移默化中形成统一的价值观和行为准则。例如,学校的校训、校风在班级活动中的具体体现,是学生理解和实践学校文化的重要方式。

第二,班级组织建设推动了学校文化的创新与发展。学校文化不仅需要传承,更需要与时俱进的创新和发展。通过班级组织建设,学生可以在实践中提出新的思想和建议,丰富和拓展学校文化的内涵。班级组织中的民主参与机制,使学生能够积极参与到学校文化的建设中,成为学校文化发展的重要力量。

第三,班级组织建设促进了学校文化的整体提升。良好的班级组织建设能够提高学生的整体素质,增强他们的集体荣誉感和社会责任感,这对于学校文化的整体提升具有积极作用。每个班级都是学校的一个细胞,班级文化的健康发展直接关系到学校文化的整体水平。通过班级组织建设,能够实现班级与学校的共同进步,形成和谐、积极的学校文化氛围。

综上所述,班级组织建设在现代教育中具有重要的意义。它不仅对学生个体成长、班级整体氛围的塑造起到了积极的作用,而且对学校文化的传承和发展作出重要贡献。通过科学、系统的班级组织建设,能够实现教育目标的最大化,推动学生全面发展,提升学校整体办学质量,最终实现教育的本质目标和社会的长远利益。

第二节 班级组织建设的目标分析

班级组织建设是学校教育的重要组成部分,它不仅关系到小学生的学习成绩,更影响学生的人格发展和社会适应能力。科学、系统的班级组织建设目标能够有效促进学生的全面发展。

一、提升班级自治能力

班级自治能力是学生自我管理、自我服务、自我教育的重要体现,是班级组织建设的另一个核心目标。

第一，提升班级自治能力有助于增强学生的自主性和独立性。班主任是教师队伍的重要组成部分，是班级工作的组织者，是班级建设的指导者。[①]在传统的班级管理模式中，教师往往是主导者，学生被动接受管理。而在自治班级中，学生能够参与班级事务的决策和管理。例如，通过设立班委会、组织学生代表会议等方式，让学生在实践中学会如何制定规则、分配任务、解决问题。这样的过程能够增强学生的自主性和独立性，使他们在面对问题时更加自信和从容。要使班级成为一个井然有序、运作正常、不断前进的集体，班主任就要在学生日常班级管理中实行班级自治管理，发挥学生潜能，激励学生自我超越。[②]

第二，提升班级自治能力有助于培养学生的领导力和组织能力。班级自治要求学生在一定程度上扮演领导者的角色，他们需要协调学生之间的关系，组织和管理各种班级活动。例如，班长、副班长、各个班委成员在不同岗位上实践管理和领导职责，锻炼了他们的领导力和组织能力。这不仅对班级日常管理有积极作用，对学生个人的成长也是一种重要的历练。

第三，提升班级自治能力有助于增强学生的集体荣誉感和归属感。在自治班级中，学生是班级事务的主要参与者，他们通过共同的努力和合作实现班级目标。这种参与感和成就感能够增强学生的集体荣誉感和归属感，使他们更加热爱和珍惜自己的班级。同时，这也能提高班级的凝聚力和向心力，形成良好的班级氛围。

二、培养学生的团队合作精神

团队合作精神是现代社会不可或缺的品质。在班级组织建设中，培养学生的团队合作精神具有重要意义。

第一，团队合作精神有助于提高学生的学习效率。通过小组讨论、项目

---

①杨锦.关于做好小学班级建设工作的几点思考[J].师道，2024(12).

②邓小帼.谈谈在班级管理中学生“自治”能力的培养[J].读与写，2018(30).

合作等方式,学生可以互相启发、共同进步。例如,科学实验课上的小组合作不仅能增强学生的动手能力,还能促进他们理解科学原理。学生在合作中学会倾听、分享和协商,从而提高学习效果。

第二,团队合作精神有助于培养学生的社会责任感。团队合作要求每个成员承担一定的责任,这种责任感不仅仅体现在完成任务上,还包括对他人的尊重与支持。在班级活动中,学生需要学会如何与他人协同工作,如何在团队中找到自己的位置,如何为团队的成功贡献力量。这样的经历能够帮助学生理解集体的重要性,增强他们的社会责任感和奉献精神。

第三,团队合作精神有助于提高学生的沟通能力。现代社会的快速发展对个人的沟通能力提出了更高的要求。在班级组织建设中,通过各种团队活动,学生能够在实际情境中锻炼口头表达和倾听能力。例如,在小组讨论中,学生需要清晰表达自己的观点,并理解和回应他人的意见。这些能力对学生未来的学术研究和职业发展都大有裨益。

三、构建积极向上的班级文化

积极向上的班级文化是班级组织建设的灵魂,是学生全面发展的重要保障。

第一,积极向上的班级文化有助于营造良好的学习氛围。一个积极向上的班级文化能够激发学生的学习兴趣和动力,使他们在学习过程中保持积极的态度。例如,通过建立良好的班级规章制度、树立优秀的学习榜样、开展丰富多彩的班级活动,可以形成积极进取的学习风气,帮助学生在学习中不断进步。

第二,积极向上的班级文化有助于培养学生的良好品德。班级文化不仅仅体现在学习上,更包括学生的行为规范和道德素养。在积极向上的班级文化中,学生能够在潜移默化中养成良好的行为习惯和道德品质。例如,通过开展道德教育主题班会、组织公益活动、设立班级公约等方式,可以引导学生树立正确的价值观和行为准则,培养他们的良好品德。

第三,积极向上的班级文化有助于增强学生的心理素质。在积极向上的班级文化中，学生能够在面对挫折和挑战时保持积极的心态，增强心理承受能力。例如，通过开展心理健康教育、组织户外拓展活动、建立心理辅导机制等，可以帮助学生学会调节情绪、减轻压力、增强自信心和抗压能力。

第四，积极向上的班级文化有助于促进学生全面发展。在积极向上的班级文化中，学生不仅在学业上有所收获，在个性和能力上更能得到全面发展。例如，通过开展文艺汇演、体育比赛、科技创新等活动，可以挖掘学生的多方面潜能，促进他们在艺术、体育、科技等领域的全面发展。

第三节 班级组织结构的设置与建设

一、班级组织结构的设置

班级组织结构是实现教育目标、促进小学生全面发展的重要保证，一个科学合理的班级组织结构，不仅有助于班级管理的高效运作，还能培养小学生的组织能力和团队合作精神。在设置班级组织结构时，应考虑班级委员会成员选举与职责、学科代表的作用与选拔、班级文化小组和活动小组等的建立等方面的内容。

（一）班级委员会成员的选举

班级委员会是班级管理的核心机构，其成员的选举应遵循公平、公正、公开的原则。通过民主选举方式产生班级委员会成员，可以增强班级成员的参与感和责任感。班级委员会成员通常包括班长、副班长、学习委员、生活委员、文体委员等，每个成员应明确各自的职责。班长作为班级的核心领导者，负责统筹班级各项事务，与教师沟通，协调班级成员之间的关系。副班长则协助班长工作，并在班长缺席时代理其职务。学习委员主要负责组织班级学习活动，帮助同学解决学习上的问题，提高班级整体学习成绩。生活委员的职责是管理班级日常生活事务，关注同学的身心健康，组织卫生打扫等活动。文体委员则负责组织文艺活动和体育比赛，丰富同学的课余生活。通过明确班级委员会成员的职责，可以有效分工，减少管理上的混乱，增强班级的凝聚力和向心力。

（二）学科代表的选拔

学科代表在班级组织结构中扮演着重要角色，他们是各科目教师与学生之间的桥梁。学科代表不仅要传达教师的要求和指示，还要反馈同学在学习中遇到的问题和困难。因此，学科代表的选拔应注重其学习能力、沟通能力和责任心。在选拔学科代表时，可以通过学生自荐与教师推荐相结合的方式进行。自荐的学生需要发表竞选演讲，阐述自己对该学科的理解和担任学科代表的优势。教师推荐的学生则应具有较强的学科能力和班级服务意识。通过民主投票选出学科代表，可以增强其权威性和认同感。学科代表在实际工作中，应定期组织学科讨论会，帮助同学共同提高学习成绩。同时，学科代表还应积极与教师沟通，反映同学的学习需求和建议，促进教学质量的提高。

（三）班级文化和活动小组建立

为了丰富班级文化生活，增强班级凝聚力，可以在班级内建立各类文化小组和活动小组。这些小组的设置应根据学生的兴趣和特长，鼓励全员参与，共同营造积极向上的班级文化氛围。班级文化小组可以包括读书会、写作小组、音乐小组、绘画小组等。读书会定期组织读书交流活动，提升学生的阅读兴趣和文学素养；写作小组则鼓励学生创作文学作品，分享写作经验；音乐小组和绘画小组通过举办音乐会、画展等活动，展示学生的艺术才华。班级活动小组则可以根据班级实际情况设立，如体育小组、环保小组、志愿者服务队等。体育小组组织班级体育比赛，增强学生的体质和团队合作精神；环保小组开展环保宣传活动，培养学生的环保意识；志愿者服务队则积极参与社会公益活动，增强学生的社会责任感和奉献精神。通过建立文化小组和活动小组，不仅可以丰富学生的课余生活，还能培养他们的综合素质，促进班级的全面发展。

二、班级组织结构的建设

班级组织结构的有效运作和适时调整，是确保班级管理高效、灵活的重要手段。通过定期召开班级会议、对班级委员会成员进行工作考核与轮换、根据班级发展情况调整组织结构，可以不断优化班级管理，促进班级的健康发展。

（一）定期召开班级会议

定期召开班级会议是班级管理的重要环节，可以及时总结班级工作，发现并解决存在的问题，促进班级成员之间的沟通与交流。班级会议的召开应有明确的议题和目标，确保会议的效率和效果。班级会议可以包括班委会会议、全班会议、专题会议等。班委会会议主要讨论班级管理事务，制定工作计划和措施；全班会议则是班级成员共同参与的会议，听取班级工作汇报，讨论班级发展问题；专题会议则针对某一特定问题进行深入讨论和研究，寻求解决方案。此外，通过定期召开班级会议，可以及时总结经验教训，调整工作策略，增强班级的凝聚力和向心力。

（二）对班级委员会成员进行工作考核与轮换

班级委员会成员的工作考核与轮换是保持班级管理活力和提高管理水平的重要手段。通过定期对班级委员会成员进行工作考核，可以发现其工作中的优点和不足，帮助其不断改进和提高。工作考核应包括自我评价、同学评价、教师评价等方面的内容。自我评价是班委成员对自己工作情况的总结和反思；同学评价是班级成员对班委成员工作表现的评价和意见；教师评价则是班主任或相关教师对班委成员工作的指导和建议。通过综合评价，可以全面了解班委成员的工作表现，为其改进工作提供依据。班委成员的轮换则应根据实际情况进行。对于工作表现突出的班委成员，可以继续留任；对于工作中存在明显不足或不适应班委工作要求的成员，则应进行调整或更换。通过合理的工作轮换，可以保持班级管理的活力，培养更多的学生参与班级管理。

(三)根据班级发展情况调整组织结构

班级组织结构的设置应根据班级的发展情况和实际需求进行适时调整。随着班级的发展,班级成员的需求和兴趣可能会发生变化,班级管理的重点和难点也可能会有所不同。因此,班级组织结构的调整应具有灵活性和适应性。在调整班级组织结构时,应充分考虑班级的实际情况和学生的意见。可以通过召开班级会议、进行问卷调查等方式,了解班级成员的需求和建议,科学合理地进行调整。例如,若班级文化小组活动效果不佳,可以考虑调整小组设置或活动内容;若某一学科代表工作压力较大,可以增加副代表或调整工作分工。此外,通过适时调整班级组织结构,可以更好地适应班级发展的需要,提升班级管理的科学性和有效性。

第四节 班级文化及其建设路径

一、班级文化及建设意义

(一)班级文化的认知

班级是学校的基本组成单位,是学生学习与生活的主要场所,班级文化是一个班级的核心,是学校文化的基点。班级文化是指班级发展过程中形成的独特的班级生活方式,具体表现为班级群体成员共享的理想信念、价值取向、思维方式、行为方式及其物质表现形式。

1.班级文化的特征分析

班级文化的自身特点以及与学校文化、社会文化的关系,决定了班级文化的基本特征。基于各个班级自身的特点,班级文化呈现个性特征。

(1)教育的鲜明性和导向性。任何文化都对社会成员具有教化的作用和教育的意义。但是在日常生活中,社会文化的教化并非有意识、有组织的,社会文化中的消极因素会对社会成员起到不良影响。班级文化是教师根据学生成长的规律以及班级学生的状况有意识营造的,是经过班级师生日常生活的教育实践活动积淀起来的。它反映了班级的价值取向和教育目标,具有很强的导向性和鲜明的教育性。

(2)内容的统整性和动态性。班级文化具体体现在班级日常的学习和活动中,是以整体的形式体现出来的,从而形成一个独特的系统。一是,班级文化来源丰富,有来自社会文化的影响,有来自学校文化的影响,有来自学生家庭文化(通过学生个体反映到班级)的影响,还有教师群体、个体文化的影响以及学生群体文化的影响等。在班级整合功能的作用下,班级文化对来自社会、学校、家庭等各方面文化进行有机整合(并非由多方面文化的直接拼凑而成),从而形成自己独特的文化体系。具有不同家庭文化背景的学生在和教师、同伴的交往中,师生之间和生生之间的文化差异会产生矛盾与冲突,在教师的引导下,学生逐步领悟达成共识与融合,形成班级文化。在这种师生文化、生生文化不断冲突与融合的过程中,班级文化发挥了教育学生的功能。二是,班级文化具有多元性,由于班级文化来源丰富,途径多种多样,决定了这些文化对学生影响的多元化倾向,其中既有积极文化,也有消极文化;既有主流文化,也有非主流文化;既有物质文化,也有精神文化。这就必然会对学生产生各种各样的影响,特别是现代社会,各种信息传播速度很快,学校班级也更加开放,班级成为一个微型的社会,学生所受到的影响更加复杂,呈现出多层次、多元化的特点。三是,班级文化具有丰富的内涵,这表现在班级文化是由两个层面的多个要素共同组成的。总之,班级文化是以整体的形式出现的。因此,班级文化具有统整性。

(3)作用的潜隐性和广泛性。班级文化既具有显性的特征,又具有潜隐的特点,其对人的影响具有广泛性。班级文化对学生德性价值观的影响并非通过正面灌输,它创造一种无形的陶冶学生心灵的外在压力,它无时不有、无处不在,其影响具有广泛性。这其实是社会心理学中的群体压力的体现,即群体成员必然受到成文或不成文的群体规范的制约,以修正自己与群体的关系,达到个体与群体的和谐统一。班级文化就是这样一种力量,它不是通过强制性的教育手段,而是通过环境、氛围、舆论、风气等,在耳濡目染、潜移默化中使学生受到陶冶、感染和影响。它的影响方式主要是熏陶与渗透,并极具穿透力。一是,班级文化主要以精神形态出现,潜藏在班级成员的思想意识、行为习惯、班风、舆论以及班级成员的人格中,通过班级学生的言行、交往等判断班级文化发展水平和发展方向,以及班级文化对班级学生的影响力。二是,班级文化对学生的影响是潜移默化的,班级学生在班级环境中受到感染和同化,形成一定的认知、情感体验及行为方式,这些主要也是在非自觉的、无意识的过程中实现的。

(4)继承的选择性与创造性。班级是传递文化的专门场所,但是它不是无选择地传递人类所有的文化遗产。班级文化按照国家对人才的要求、班级学生现实状况以及学生成长的规律等,选择人类文化的精华,去其糟粕,经过一定的改造,以适合班级学生的方式传递给学生。班级中作为教育内容的文化不但以学科课程为载体组织起来,更是要根据教育目标和课程标准、学生的认知规律加以选择和编制。

(5)风格的独特性和个性化。班级文化是班级师生在教育实践中创造的,因此每个班级的文化都不可能相同,班级文化具有独特性和个性。这种个性就体现在班级的特色上。通常人们对班级特色有一种误解,认为特色就是特长班,或者认为组织一些有特长的小组团队就是班级文化特色。其实,班级特色就在于班级的文化建设上。由于各班的历史不同、区域地理和文化环境不同、班主任的教育理念不同、教师和学生群体不同,各班文化也会有自己的独特性和个性。

2.班级文化的功能阐释

班级文化作为一种教育机构的文化,既具有一般文化所具有的凝聚功能、激励功能、导向功能、规范功能、同化功能,还具有特殊的教育功能。

(1)班级文化的凝聚功能。班级文化的凝聚功能主要表现在以下方面:首先,班级文化通过培育班级的认同感、责任感、归属感,调动和发挥学生的主体性，提供更多的自主空间，更好地发挥不同学生的特色与优势，具有强烈的向心力。班级文化是班级全体成员创造的团体文化，体现班级成员共同的心理意识、价值观和理想追求，体现了班级成员的个人利益和班集体的前途命运，从而激发班级成员对班级的认同感、使命感、自豪感和归属感，形成强烈的集体意识、向心力和凝聚力。这种集体意识、向心力、凝聚力是衡量班级文化建设水平的重要标准。其次，班级作为一种正式组织，本身固有一种内聚力，这种内聚力主要通过班级文化来维系，表现为学生在学习上积极进取，在生活上友爱互助，在行动上协同一致，这体现了班级文化的凝聚功能。

(2)班级文化的激励功能。优秀的班级文化具有明确的班级愿景，班级环境舒适，师生关系、生生关系和谐，生活朝气蓬勃，会激励师生开拓进取、追求卓越，努力把班级的各项任务都出色完成。在这种良好的文化氛围中，责任感、荣誉感驱使师生努力地教和学，不断创造新的成绩和辉煌。班级文化的激励功能具体表现在以下几方面：首先，和谐的班级文化可以增进班级成员之间的信任，加深他们之间的沟通与了解，促进他们分享知识与交流感情。不和谐的班级文化不仅不利于班级成员之间显性知识的共享，而且更不利于内隐于个体与组织内部的隐性知识的共享。其次，班级文化能为每个班级成员提供文化享受和文化创造的空间，提供文化活动的背景以及必要的活动设施，充分调动学生参与班级活动的主动性、积极性和创造性，促使他们发展潜能、增长才干、张扬个性、完善人格。

(3)班级文化的规范功能。班级文化形成一整套规范体系，主要表现为制度规范、观念规范、环境规范，制约着学生的言行。具体表现为：第一，观念制约，即通过班级价值观、班级愿景等制约学生的言行。第二，制度制约，即通过班级规章制度、班级纪律、学生守则等制约学生的言行。第三，环境制约，即通过班级环境氛围、人际关系、班风学风等制约着班级学生的言行。

班级规范具有强大的制约力，约束班级成员，让他们的言行符合班级规范。首先，班级文化建设中的重要内容是制度建设。在学校教育教学活动中，师生共同总结、提炼、制定班级制度，这些制度反映了师生的意愿，为师生共同认可。学生从被动遵守到主动遵守班级制度，从他律到自律，逐步提高了对班级制度以及“法”和“理”的认识水平，养成了遵纪守法、严于律己的品质。其次，班级文化通过环境氛围、人际关系、班风、学风对班级成员的行为和思想产生规范和约束作用，这种规范与约束作用是班级文化核心价值观对班级成员的心理所形成的心理定式。在班级日常教育教学活动中，学生受到舆论、班风等良好的班级环境氛围的影响，会自觉遵从班级文化的价值取向和行为准则。最后，班级文化是班级成员价值取向的反映，为班级大多数成员所认同，对班级成员的言行具有一定的调节和约束作用，成为学生评价班级成员的标准。随着班级文化建设的深入，这种观念及评价标准的影响更加深入。总而言之，班级文化对班级成员的学校学习与交往行为，乃至学生在今后的社会生活中对各种问题的价值倾向、行为方式等都会产生深刻的影响。

(4)班级文化的同化功能。同化功能是指通过班级成员之间的从众、感染、服从、模仿、暗示和认同等心理效应，班级文化对班级师生具有同化其价值观念和行为方式的功能，这是班级正向功能的重要体现。班级文化的同化功能具体表现在以下方面：首先，班级文化通过班级成员良好的精神风貌来塑造班级的外部形象，这种良好的班级外部形象会对班级成员产生强烈的“正外部效应”，有利于树立班级新风尚，推动整个班级文化的新发展。其次，良好的班级文化对于学生的生理与心理健康具有积极的影响。在和谐的班级环境氛围中和良好的师生、学生交往过程中，学生强化了道德认同感，增强了班集体的凝聚力。最后，当班级学生群体亚文化发生冲突时，班级文化能够整合学生群体亚文化，使不同价值观的群体亚文化融合并达成共识，丰富班级文化内涵。同时，化解学生群体亚文化冲突可以使班级组织内部紧张的关系得到缓解，促进班级和谐。

(二)班级文化建设的意义

第一，推进素质教育改革进程。传统应试教育制约着素质教育的推进。应试教育关注少数学生，主张分数至上，片面追求升学率，不利于全体学生的全面发展。而以价值观、班风、舆论、思维方式、行为方式为代表的班级文化，直面全体学生，在其熏陶、影响、渗透、暗示所产生的凝聚、驱动、同化效应中，形成了与集体要求相一致的思想和行为。班级文化是一种无形的教育力量，其影响的无痕性、全面性有利于学生生动、活泼、主动地发展，有利于提高德育的实效性，有利于推进素质教育的进程。

第二，为学校文化建设奠基。学校文化是班级文化的导向，班级文化是学校文化的重要组成部分，是学校文化的重要基石；学校文化建设制约着班级文化建设，班级文化建设影响着学校文化建设。班级文化的核心——班级的价值观念、班级舆论、班风、学风、行为方式、人际关系等，是学校文化的具体体现，它的生成与发展直接关系学校文化建设的成效。从一定意义上说，要搞好学校文化建设，就必须重视班级文化建设，只有从班级文化建设抓起，把具有班级特色的文化建构起来，互相协调作用，方可形成学校文化，为学校文化建设奠定坚实的基础。

第三，提升了班级管理的水平。班级管理的目的是促进班级学生、教师的发展。班级管理经历了“人治”的经验管理阶段和法治的制度管理阶段，进入了更高层面的文化管理阶段。在经验管理阶段，班级管理仰仗于班主任的经验、威信、能力、素质。在制度管理阶段，班级管理有章可循、有法可依。但是规章制度的制定和执行，在一定程度上忽视了人的主体性，对人的创造性和积极性存在一定程度的压制。班级文化的管理不断超越班级规章制度，师生在交往过程中形成班级价值观、奋斗目标、舆论和风气、思维和行为方式等，把制度化的“物”的尺度内化为师生自主自觉的“心灵”的尺度，使班级成为一个有思想、有灵魂的生命体，使班级、学生、教师可持续地和谐发展。

二、多元化班级文化建设

班级文化建设对于推进和提升素质教育、学校文化建设、班级管理具有重要的意义。班级文化的建设可分为三个层面：一是深层精神文化系统，包括班级的价值观念、班级精神等，是教育活动的理性认识。二是中层制度文化系统，是以班级模式化的人际交往方式和规章制度为主要内容的文化形态，它规定着一切教育活动的行为标准，是班级文化的保障。三是表层物质文化系统，它是以教室环境为主要内容的文化形态，是班级文化的载体。班级价值观是班级文化的核心，班级文化要素具有层次性，班级文化对班级发展具有规定性。

(一)班级精神文化建设

班级精神文化是指在班级发展过程中，师生共同认同的教育思想、共同享有的教育观念，以及教育价值追求，是对班级发展根本问题的看法，是班级师生共同建构的班级教育哲学，是班级文化的核心。它贯穿于班级建立和发展的始终，是一个班级的本质、个性和精神面貌的集中反映，是班级文化中深层的隐性的文化。

班级精神文化不仅包括人们的观念，提炼后形成的班训、班徽、班歌等符号标识系统，还包括班风，甚至包括由此而形成的班级的性格特色。它们围绕着班级核心价值观形成一个庞大而复杂的集合体，物质的与精神的，具体的与抽象的，有意识的与无意识的……以上要素需有机地结合在一起，而不是机械地堆砌，才能形成班级精神文化。核心价值观是班级精神文化的核心。班训、班徽、班歌是班级精神文化的外在表现，但班级精神文化不等于班训、班歌、班徽等。它们借助于语言文字符号把班级精神文化高度概括并艺术化地表现出来，是班级对外宣传的方式。班级特色是在班级精神文化指导下形成的，鲜明的班级特色是班级精神文化建设的创举，但是班级精神文化既包括班级特色，也包括很多班级共同秉承的特性，它们都是班级文化不可或缺的组成部分。

1.班级精神文化的结构分析

班级精神文化是在班级核心价值观指导下，一是以外显的符号标识系统体现，如班训、班徽、班歌等，班训是班级文化的集中体现；二是体现在班级的奋斗目标和班级愿景中，班级愿景是班级目标的具体化；三是体现在班级舆论、班风、人际关系中，班风是班级精神文化的灵魂。

（1）核心——班级核心价值观。班级核心价值观是关于班级核心价值和基础价值的一整套看法或观念，是从多样化的班级价值观中抽取的带有基础性的或能够为不同价值主体共同选择的价值目标。它是班级精神文化的核心。

班级核心价值观是班级成员对班级精神、班级发展方向、奋斗目标等基本问题的理解与选择，是引导班级日常运作和组织发展的基石和核心。[①]班级核心价值观是班级组织群体的核心价值取向，并不是某一个体或某一类群体的价值观，是对班级所有成员行为的期待、要求和规范。班级核心价值观并不是班级目标的一部分，而是实现班级诸多目标必须遵循的基本价值原则。这正是核心价值观的"核心"意义。它能够把其他的各种不同的价值观凝聚在自己周围，并对它们协调、整合和引导。核心价值观既约束从属价值观，又为其提供依据和方向，从而维持价值体系的稳定和统一，使班级得以在一个统一的价值观念体系中顺利运行。

（2）表层——班训、班徽、班歌。人们往往认为，班级精神文化是宏观的、抽象的、隐秘的，是一种难以表达的东西，而忽视了其具体的一面。班级精神文化是可以通过一系列班级中的具体事物表现出来的，班训、班徽、班歌将隐性的班级价值观、班级精神等抽象的意识形态，以凝练的语言或符号，表现为具体的文字符号标识系统，将班级精神融入这一系列事物中去，再通过独特的宣传形式，使之深植在班级教师和学生的观念中，使班级师生得到真切体会。它是一种见之以形的、外显的、表层的班级精神文化形态，是班级的形象。

第一，班训。班训是班级精神的集中体现。它是班级教育理念、价值取向、班级精神、班级成员的共同意志、班级文化的发展方向的高度概括，是班级师生共同的基本精神和追求目标。

---

①汪昌华.班主任与班级文化建设[M].安徽师范大学出版社，2014：33.

第二，班徽。班徽是设计者巧妙设计，以富有象征意义的图像、色彩和文字，构成具有深刻寓意的图形，表现班级的核心价值观、班级精神、班级特色以及班级发展过程中沉淀和积累起来的人文精神。

第三，班歌。国歌是一个国家和民族的号角，班歌是一个班级的精神火炬和旗帜。班歌通过优美的旋律、和声、节奏和辞章等，表达班级师生朝气蓬勃、坚毅宽广、积极向上的情感和胸怀，它是班级师生发自肺腑、引以为傲的心声，发挥着强大的精神凝聚力和艺术魅力。它是班级精神风貌的标志，它的思想内容体现班级精神，给班级成员以力量、勇气、责任感、荣誉感和自豪感的体验。这种体验会激励每一位成员为拥有好的班级而更加努力。班歌的创作要根据班级的具体情况而定，有条件的班级可以由班主任或学生作词作曲。没有条件的可以选择体现班级精神风貌、学生喜欢的、积极向上的歌曲直接做班歌，也可以让学生进行适当的创编，如《真心英雄》《爱拼才会赢》《让世界充满爱》等。

(3)中层——班级目标和班级愿景。班级价值观是班级成员对自身教育活动存在价值的思考和总结，其本身就是班级奋斗目标。班级目标是指根据实际和班级核心价值观，确立班级发展所要达到的一种理想状态和预期要达到的结果。愿景是班级长期奋斗的理想目标，其立足点是班级价值观的创新，其目的是成为独具特色的班级，回答的问题是建设怎样的班级、具有怎样的功能和达到怎样的水平。

(4)深层——舆论、班风、人际关系。第一，舆论。舆论是众人的言论。班级舆论是指在班级中为班级多数成员所赞同的占优势的言论。班级舆论是班级成员观念态度的集中体现，是班级深层的精神文化。形成正确的班级舆论是班级文化建设的重要内容。班级舆论对班级师生具有约束、感染、熏陶和激励的作用，会无形地支配班级成员的行为和集体生活，是一种潜移默化的无形的教育力量，具有班级规章制度和思想教育所不可替代的功能。第二，班风。班风是指班级的作风和风气，是班级师生在价值态度、思想意识、行为习惯、处事风格等方面表现出来的班级特有的精神面貌，是班级“个性特征”的体现，是班集体形成的标志。班风是班级文化的灵魂和精髓，优良的班风潜移默化地影响班级成员，对班集体具有重要的教育作用。第三，人际关系。人际关系一般是指在群体交往过程中，人与人之间形成的比较持久和稳定的社会关系与心理关系。班级人际关系主要是指班级成员在班级群体交往过程中所形成的比较持久和稳定的社会关系与心理关系，师生关系和学生关系是班级最基本的人际关系。良好的班级人际关系有助于促进师生、学生之间的密切合作与交流，避免和排除不必要的矛盾和冲突，发挥班集体的教育作用。构建良好的班级人际关系是班级文化建设的重要内容。首先，教师要确定正确的学生观，尊重学生的情感与意愿，构建平等和谐的师生关系；其次，教师要注重培养学生的社会交往能力，加强思想教育，引导学生形成良好的师生关系和生生关系。

2.班级精神文化建设的内容

（1）班训与班级精神文化建设

第一，班训的认知。训即规范、准则。班训是班级精神的集中体现，它将班级教育理念、价值取向、班级精神、班级成员的共同意志、班级文化的发展方向等加以高度概括，提炼出极其简洁的词句，是班级师生共同遵守的言行规范、共同的精神追求目标，一般以格言、箴言、座右铭等形式，如“知耻、明志、好学、力行”“乐学善思、自重自信”等，言简意赅、内容丰富、特色鲜明。一个好的班训，不仅能够反映出班级的特点、风格，还具有时代的、地域的文化积累和沉淀，是班级文化的重要组成部分。

一是，班训的特征。首先，内容的凝练性与时代性。班训把对师生的要求高度凝练在简洁的文字中，内容丰富严谨，语言形式优美。陈桂生对校训总结为“四言八字”“二言八字”式等，班训的构成也应具有语言凝练、朗朗上口的特点。语言的凝练、优美使得班训很容易被记住，并把班级文化的内涵上升到更高层次，给人留下深刻的印象。其次，形式的针对性与灵活性。班训以凝练的语言引导和规范全班师生的日常行为，同时提出师生应遵循的基本行为准则，指引师生向着正确的行为方向发展，并努力使之内化形成一种信念。由于每个班级都有自己的价值观念、教育观念、教学目标等，提炼班训时不仅要遵循国家的统一意志、学校办学特色和核心价值取向等，还要针对班级的性质、特色等，鲜明地体现班级特点和风格，具有班级的风格魅力。班级作为一个整体，不是一个固定不变的群体，会有新的情况和问题涌现，因此，随着班级发展和问题的出现，班训也应及时调整。相对于校训的稳定性，班训较为灵活多变。如某班高一时班训是“敬、竞、进、静”，随着高二学习竞争压力的增加，班级团结等问题的出现，其班训也更改为“团结紧张、拼搏进取”。最后，目的的战略性与阶段性。班训作为班级文化的载体，同样需要处理现实和理想的关系，好的班训不能脱离现实的要求，同时还应具有战略前瞻性。班训在学校和班级的长期实践中不断完善，对师生产生长远的影响。班训的目的可以是为了提高班级成员的个人品质，如“自律自信”，可以是一种人生目标，“战胜自我、走向成功”。也可以是体现班级的团结，如“做最好的自我、创最好的班级”“手拉手，心连心，我们都是班级小主人”。也可以是具体的学习目标，如“挑战自我，绝不放弃，高考场上显身手”等。与校训相比，班训的目的是针对班级实际，表现班级发展不同阶段的特征。

二是，班训的功能。首先，导向功能。班训是班级精神的集中体现，对班级成员产生潜移默化的影响，体现班级成员的奋斗目标。它是班级的航标，有指导和牵引班级成员的作用。如“勤学、善思”“自信、自尊、自律”等班训，体现了班级文化建设和学生努力的方向。其次，规范功能。班训是班集体对班级成员的一种训诫、规范，是为群体所确立的行为规范和标准。它明确了班级成员的行为模式与标准，对班级成员的行为起到约束作用。班训的规范功能多体现在对班级成员的观念制约上，使班级成员在精神上约束自己，使自己的行为符合集体的行为标准。再次，凝聚功能。凝聚的意思是凝结、集中。凝聚力是指群体成员间为实现群体活动目标而团结协作的程度。班训的凝聚功能就是指班训对班级成员的凝结、集中的功能。班训是班级成员的奋斗目标和理想追求，它体现着班级成员共同的价值取向。这种共同价值取向和理想追求会激发班级成员对班级的认同感和归属感，从而形成班集体强烈的凝聚力、向心力。在这个过程中,班级成员会自觉地将班训作为自己行动的规范,把个人利益与班级利益紧密联系在一起,使自己与班级一起“同呼吸、共命运”。班训越是鲜明,越能突出班级特点,这种向心力、凝聚力越强,班训的凝聚功能也就越强大。最后,激励功能。班训体现的是班级价值追求和奋斗目标,它基于现实而高于现实。这就客观激励了班级每个成员向共同的奋斗目标努力前进,从而将全班学生凝聚在一起。班训是班级精神文化的内核,它引领着班级文化建设,将班集体的奋斗目标凝练、浓缩并注入每个班级成员的心里,它是班级前进的指路标,引领师生朝着班级的既定方向前进。

第二,班训对班级精神文化建设的意义。班训是班级精神文化的集中体现,也是班级文化建设不可忽视的部分。班训、班徽、班歌对于弘扬班级精神,激励学生热爱班级、勤奋学习同样具有重要意义。开展班级形象设计活动,通过班训、班徽、班歌的创作,发挥班级师生的智慧与力量,将抽象的精神文化实化为具体可感的形象,创造性地设计班级自己的标识符号。教师引导学生创建班级的特色,设计班训、班徽、班歌的活动应体现班级的价值观和班级精神,明确班级的价值追求。首先,班训是班级精神文化的集中表现,体现了班级的核心价值观。它承载着班级先进的教育理念,寻求班级成员的认同,潜移默化地影响、转化学生的行为,形成一种强大的凝聚力,有效解决班级问题,促进班级良好的发展。其次,班训蕴含着班风、学风、教风,教育学生如何做人做事。班歌昂扬了学生的斗志,班徽增强了学生的班级自豪感和自信心。通过这种形式,促进了班风的形成。最后,班训丰富了班级的管理形式。最好的管理不是人的管理,也不是制度的管理,而是文化的管理。这也成为很多企业和公司的共识,他们纷纷建立自己的企业文化,为企业的发展提供不竭的动力。班级是求知的殿堂,文化管理至关重要。

(2)班级愿景与班级精神文化建设

第一,班级愿景的认知。班级愿景是基于班级成员的个人愿景,经过充分的酝酿与讨论,为班级成员所认同并愿意践行的班级共同愿景。小学班级学生年龄相仿,学习能力相近,学习目标和学业任务基本一致,为大家所共享的班级愿景比较容易达成。因此,确立班级成员共享的阶段性发展目标,激发班级成员班集体荣誉感、竞争意识、归属感,使得班级成员愿意团结协作,愿意共同为之奋斗和努力,阶段性的班级愿景就能够得以实现。通过实现班级愿景,班级成员既能实现自己的核心个人愿景(圣吉所说的"极彻底的自私目的"),同时也共同实现了班级愿景,并且成就了班级其他成员的个人愿景(圣吉所说的"精神上的无私境界")。和而不同、兼顾学生个体本性与班级成员共性,是建设班级愿景的核心价值取向。

第二,班级愿景与班级目标。班级愿景是和班级目标相联系的。班级目标是愿景的核心。班级目标是根据国家教育目的,具体化为各级各类学校的培养目标,再具体化为班级的目标和要求。它是班级社会功能的体现,不是班级成员个体所能决定的。对于班级成员个体而言,班级目标是外在的要求。一个正确的班级目标虽然是外在的要求,但是却有内在的意义,也反映了个体的内在发展需求。班级目标要发挥作用,就必须内化为班级成员的内在要求,班级愿景是班级目标内化的结果。此外,班级目标是抽象观念,但是班级愿景是形象的生活图景。在班级文化建设中,必须将抽象的、观念的班级目标转化为具体的、形象的、有感召力的班级愿景。

第三,班级愿景对班级精神文化建设的意义。一是,班级愿景建设彰显班级文化的功能。班级愿景建设源自班级成员对班级共同奋斗目标的反思,是建立在班级成员的个人愿景的基础上,且为班级成员所共同认同,从而激发班级成员实践的意愿。班级愿景建设能够充分发挥班级文化的导向功能、凝聚功能、激励功能和规范功能。首先,愿景建设对班级和班级成员的价值与行为取向具有导向功能,使之符合班级共同确定的目标。其次,班级愿景建设体现班级的价值追求,当价值观被班级成员所共同认同时,会产生一种向心力和凝聚力,班级愿景建设发挥班级文化的凝聚功能。再次,班级愿景建设过程使班级成员内心产生一种积极进取的精神状态,充分发挥班级文化的激励功能。最后,班级文化通过班级制度和行为规范约束班级成员的言行，其在班级愿景建设过程中对班级所有成员的观念和言行具有规范作用。

二是，班级愿景建设促进班级文化内核的建设。班级文化包括班级成员共享的价值观念、班级精神和行为规范等要素，各个要素相互联系，班级文化建设集中表现为塑造、渗透、贯彻班级价值观。首先，班级愿景建设通过建设班级所有成员共同认同的愿景，正是着力塑造班级的核心价值观。其次，班级价值观的贯彻和渗透是一个长期复杂的工程，班级愿景的塑造过程通过不断反思，凝聚形成班级成员的团队共识，引领班级成员持续实践对班级目标与愿景的追求，从而使班级目标和价值观逐步形成与实现，以促进班级组织的发展与班级成员的发展。

三是，班级愿景建设符合学生心理特征，促进班级文化建设的实现。首先，班级愿景符合青年学生自主的心理特征。班级愿景建设尊重班级学生的自主选择、尊重学生的情感需求，由学生自我选择个人和班级目标以及实现班级目标的路径，充分发挥学生的主体性。其次，共同愿景建设符合学生积极向上、外向求新的心理特征。学生充满理想、积极向上、渴望进步，希望不断超越自我，愿意分享自己的思想和情感，班级愿景正是学生表达积极向上的思想和情感的平台。最后，班级愿景建设符合当前学生渴望归属的心理特征。当前，我国学生大多为独生子女，缺乏同伴交往，较为孤独，渴望友谊和班级归属，班级愿景建设中班级成员形成的热情与力量，引导学生共同经历创造班级文化。因此，班级愿景建设对班级精神文化建设有着无法替代的、独特的价值和功能。

(3)班风与班级精神文化建设。班风是班级文化的集中体现，是班级文化的灵魂，它具有强大的凝聚力和感召力。如果说制度文化是班级文化建设的有形之手，那么良好的班风就可称得上无形之手，会无形地鼓舞支配着班级成员的行为和集体生活，潜移默化地影响学生身心的健康发展。良好的班风在班级文化建设中具有十分重要的作用。

第一，班风的形成。班风不是局限于个人的风尚，而是整个集体的风貌，它的形成有利于培养、塑造班级成员的良好形象，从而推动个人品德素养的发展，促进集体良好作风的形成。班风更有利于培养集体主义精神。在班风建设中，班风的标准和具体行为规范是建设的具体目标，这一具体目标要落实到班级活动中。在丰富多彩的班级活动中，形成正确的班级舆论以及班组织的骨干力量，于是催人奋进的班风就一定能形成。但班风的形成不是一蹴而就的，它的建设一般要经历生成期、成长期、内化期和成熟期四个主要的阶段。

一是，班风的生成期。在这一时期，班风的要求相对于班级成员是外来的、强加的。因此，要重视发挥各项规章制度和舆论的宣传作用，以便解决集体要求与个人要求之间的冲突。要让学生理解班风的要求、意义，明确个人和集体的关系。

二是，班风的成长期。在此阶段，一部分班级成员接受了班风的要求，但还有部分成员没有认同班风的要求。这是班风形成的关键期。因此，要借助集体中有影响力的榜样来加强对班风的宣传，进行示范教育，并开展有针对性、教育性的活动，引导班级成员感受班风的内涵，发挥心理环境的同化作用，使班级成员认同班风的要求。

三是，班风的内化期。在此阶段，班级成员整体上接受了班风的要求，但还要继续加强，使班级成员更加深入地理解、内化班风的精神和要求，并自觉地付诸行动，进而形成习惯。

四是，班风的成熟期。此阶段，班风的要求已基本成为绝大多数班级成员的自我要求，可见，已基本完成了班风的内化过程。这个阶段，班风对班集体已具有教育力量。

第二，班风对班级精神文化建设的意义。班风与班级精神有着本质的联系。一方面，班级精神所营造的氛围，弥漫在每个班级成员周围，使每个成员的言行举止都浸染上了它的色彩和痕迹，这种氛围长此以往便形成了一种风气，即班风；另一方面，班风属于班级精神文化但又不等同于班级精神，它是班级精神具体、感性的外化形式。也就是说，班级精神要通过班风反映出来。所以,班风是班级文化的集中体现,班级文化建设要抓好体现班级精神实质的班风建设。

(二)班级物质文化建设

1.班级物质文化的认知

(1)班级物质文化的主要特性

第一,教育性。班级物质文化对学生具有潜移默化的教育作用。班级物质文化的构建承载着班级精神、价值追求、教育理念、审美情趣等,其中蕴含了丰富的、无形的教育元素,学生与班级物质文化接触的过程中,不知不觉中受到环境的熏陶,德、智、体、美、劳等方面得到全面发展,学生的情感、态度和世界观、人生观受到潜移默化的影响。班级物质文化是班级文化的外显,是一种物质实体形态,具有巨大的教育功效。

第二,实用性。班级物质文化是以其满足班级成员教育教学活动的实用需要为第一原则,它是班级教育教学活动正常运行的条件与保障,同时班级物质文化是班级精神文化和制度文化的物质基础和物质保证。班级物质文化环境构成了班级环境的主体部分,班级物质环境主要表现为班级教室的合理布局,以及班级教室的基本设施和空间布局,它满足班级成员的教育教学的实用需要,直接影响班级成员的学校学习和生活质量等。

第三,人文性。班级物质文化蕴含着深刻的文化底蕴和人文情怀,反映和折射出班级价值追求和审美情趣。班级教室的空间布局、墙面文化等环境文化形态深刻地反映了班级成员的人文精神和教育理念,更凝聚和寄托了班级成员的价值追求、精神信仰和审美情趣,体现了班级成员的生存状况、精神风貌和教育追求,教室和寝室等基础设施的建设也体现了以人为本的人性化的关怀。班级物质文化将超语言性的班级精神文化的隐喻,寓于直观表象的班级物质空间形态之中,它是班级精神的载体,是班级人文精神外化的物质形态。

(2)班级物质文化的功能解读

班级物质文化建设集中反映了班级成员与物质环境的相互作用关系。班级物质文化环境的形成和发展过程是班级成员不断加工的结果，师生不断赋予班级物质文化以新的精神理念和文化内涵，通过对班级物质实体环境的不断改造，重建班级物质文化，从而形成班级物质实体文化。班级物质环境满足班级成员教育教学活动的实用需求，师生在班级物质文化环境中受到熏陶，实现班级物质文化的教育价值。

第一，表达功能。班级物质文化作为班级文化的基本要素，是其他各种班级文化得以存在和发展的物质根基和载体。形态各异的班级物质文化承担的基本功能即物质性功能，其满足了班级成员对于学习与生活等活动的物质需求。整齐洁净、设施齐全的教室和寝室等提供了高质量的教育教学环境，是班级物质文化实现其自身物质实用功能的体现。同时，班级物质文化作为表层的实体文化，是班级精神文化、制度文化和行为文化的物质载体，通过有形的物质文化才得以直观展示班级精神文化、行为文化和制度文化。班级墙面文化等展示着班级的精神风貌，班级成员的行为文化通过有选择地作用于班级物质文化环境而显现在视觉世界，班级物质文化也是制度文化的外在符号形式。

第二，教育功能。班级物质文化蕴含着教育功能和激励作用。班级的物质文化环境是学生的生活体验和接受教育的场所，物质文化环境作为一种载体文化具有深刻的教育内涵。班级的物质文化经过设计者的巧妙构思和布局，是班级教育精神和教育理念的直观体现。充满人文气息的班级环境能够激励学生积极向上、实现自我。

第三，审美功能。班级物质文化可以培养学生的审美观和审美能力，提升学生的审美水平。除了以专门培养学生审美能力为目的的学校艺术课堂外，班级物质文化因其自身所包含的审美追求和美学内涵而对学生的审美观念、情感、态度、价值观产生极大的影响。而班级物质文化通过审美怡情的方式让学生以轻松愉悦的心情面对学习，使学生能够更加高效地投入学习生活中去。

2.班级物质文化建设的原则

(1)整体规划,要富有创意。班级环境设计要整体规划,根据班级的教育理念、价值取向与审美取向等,从学校历史与文化、教室布局、班级功能区划分与设施的合理配置、班级墙面的布置,以及班级环境设计的风格、色彩、比例等多方面综合考虑。班级环境布置应富有创意。班级环境布置不是简单模仿,而是基于学校文化、班级精神、价值追求、审美情趣等,经过提炼、凝聚而在班级物质环境的设计上的创造性表达。班级环境的整体性或个别性的创新设计,可以表现班级独特的环境风格与文化境界。

(2)体现班级精神,要有教育意蕴。班级环境建设既要满足班级学生学习的实际需求,又要体现班级精神与班级的价值追求,陶冶学生性情,实现物质文化育人的功能。班级环境的教育意蕴,是蕴含在班级环境中显现出的班级精神、价值观念、教育追求、审美意识的复合,是学校历史、班级情况、时代精神的融合。班级环境意蕴的营造,应对班级价值观、班级精神加以理解、外化并进行再创造,融合学校的历史、时代特征,以富有思想性、启迪性、激励性的内容和形式,以符合师生的审美情趣,并为师生能理解的、富有意蕴的物质形态或文字符号呈现。营造生动活泼、富有朝气、乐观向上的环境气氛,学生置身其中学习与活动,其价值观念、思想和行为潜移默化地受到熏陶和感染,从而为善向上、勤奋好学、目标明确、富足精神。

(3)富有文化艺术性,反映师生审美。班级环境建设要批判继承学校具有教育意义的优秀文化因子,结合班级实际情况,并在班级环境设计中找到合适的契合点,从而营建出能够体现本班优秀文化的环境设计。也就是说,基于班级的教育价值追求,植根于学校文化,根据班级师生对班级教育教学多层面需要的考虑,提炼并形成适合师生需要的班级物质文化建设特色,体现了班级师生的教育价值与追求、文化素养与品位。

班级环境设计应具有艺术性,体现班级师生的审美情趣。应注意空间布局、色彩、比例、风格等多方面的和谐,使其具有柔和而融洽的感觉,并在整体上表现出完整的美感。

第一，注意班级环境的色彩和谐。色彩是班级环境布置的重要因素，直接影响着师生的视觉感受和班级环境质量。其设计需遵循以下一些基本原则：一是，要体现色彩的和谐统一，包括色调、色相、纯度、明度等方面的和谐统一。二是，色彩搭配应主次分明、具有变化、协调统一，遵循对称与均衡、节奏与韵律、衬托与对比等色彩构图原理。三是，要针对不同年龄阶段的学生对色彩的不同需求进行设计，小学的班级环境色彩丰富，明亮的暖色调、对比色较合适，营造轻松自由、活泼愉悦的环境氛围。在中学的班级环境的色彩设计中，柔和的冷色调能使学生专心致志地学习，同时色彩要体现中学生积极向上、青春朝气。四是，要区分不同功能教室的空间对色彩的需求，教室内的色彩应以淡雅、光反射率高的色彩为主；人口密度过大、空间较小的教室应选用冷色调；音乐教室宜采用暖色调以提高情绪；教室外的走廊等休息场所应以暖色调为主，以调节与放松学生的情绪。

第二，注意空间布局和谐。运用比例、对比等布局基本手法使班级的各功能区域整齐、宽敞、雅致。班级环境设施的各个部分本身和相互之间的比例要恰当，如教室门窗的大小、课桌椅的大小、走廊的宽度等要比例适当，以及班级空间布局的比例恰当。通过对比凸显班级环境各要素之间的显著差异，如班级环境设计中的外形对比、明暗对比等，使班级环境布置中的某部分或某些要素凸显出现，充分表达趣味、舒适、愉悦、优美的情感。班级环境空间布局还应虚实相间，既要充分发挥班级的空间资源优势，又要适当给学生留出一些思考和遐想的空间。

(4)科学舒适，要实用安全。第一，科学性。教室设施形状与排列布局以及教室空间、色彩、声音等环境因素，直接影响学生的学习兴趣、动机、情绪、态度，特别影响学生的注意力、疲劳度、学习的预备状态。教室空间的密度、领域性、个人空间、私密性、拥挤感等教室空间环境体验，直接影响学生的归属感、安全性以及行为表现。班级环境的建设理应营造一个良好的外部环境，以促进学生身心健康发展。

第二，舒适性。教室是学生日常生活学习的主要场所，班级环境建设应关注学生在班级中的体验，关注班级环境的舒适性。一是，班级各类设施应符合学生生理发展的特征，关注师生使用的方便性与舒适感，如课桌和椅子大小的设计，教室的空间、采光、色彩等。二是，干净整洁、美观和谐的班级环境，使学生舒畅身心、提高效率、陶冶情操。

第三，安全性。小学班级是学生高度密集活动的场所，学生活泼好动，自理和自控能力较弱，班级环境布置要特别注意安全，包括班级各类设施的建材和工程质量、用水与用电安全、安全监控等；班级使用频率高的桌椅、黑板、多媒体等设施，要坚固耐用。班级环境安全既要在环境建设时多方面考虑，也要在使用中及时检查与维护。

第四，经济实用性。一是，班级设施与环境布置等经济实用。班级环境布置应由师生共同设计，以自己动手制作为主，以达经济实用之效果，同时也锻炼学生的设计和动手能力。二是，班级设施效用的经济性，增加设施使用的多功能性，提高班级设施的效用。

3.班级物质文化建设的内容

教室是班级学生学习活动的主要场所，教室的布置是班级物质文化建设的最重要组成部分。教室环境建设体现班级的外在形象，承载班级精神文化，体现班级成员的价值取向、审美观，体现班级的整体风貌。

（1）教室间的布局。教室间不同的布局方式隐含着不同的教育意蕴，主要有以下三种教室间布局类型。

第一，综合教室型。综合教室型是指班级所有的教学活动都在一个教室完成。这种布局比较适合小学低年级班级教室布局。因为这种教室布局学生很少需要在教室间流动，学生比较容易熟悉教室环境。这对低年级学生而言特别有利，能增强学生对于班级环境的熟悉感、安全感与自信心，有利于低年级学生在不同教学活动之间实现顺利切换。另外，低年级学生对教室专业性功能要求相对较低，综合教室一般可以满足他们的需求。但是这种类型布局教学同质化程度高，可以高效、经济、大规模培养同质人才，却不利于进行弹性多元教学，不利于学生的交流与合作等，难以适应当代对人才规格的多元化的发展趋势。

第二,普通教室与学科专业功能教室分设型。每个班级有一个固定的普通教室,大多数课程,尤其是学术型课程在本班普通教室上课,一些班级共用学科专业功能教室,如音乐教室、实验教室、劳动技术教室等。教室间布局一般由走廊联结数个教室,普通教室与实验教室分设,甚至单独成楼,如教学楼(普通教室)、实验楼等。这类布局是我国学校中最为常见的班级教室间布局方式,因为专门的学科专业功能教室可以满足学生在某些课程上对教室专业性的功能需求。学科专业功能教室归学科教师专属,也有利于学科教师的教学准备和教室布置。另外,普通教室与学科专业功能教室之间干扰小。但是学生大多数时间在本班普通教室学习,不利于学生多方面发展;学生需在课间频繁移动,从普通教室到学科专业功能教室,课间走廊上人流密度过高,容易造成拥挤现象。

第三,班群教室布局型。班群教室布局是由几个班级教室和附属空间组成的一个开放式班级教学空间。这一类型教室布局日益受到关注。依据实际教学需要,在附属教学空间中一般设置学习空间、资源中心、展示角、表演角、游戏角、教师工作室、生活角等,与几个班级教室一起共同构成了一个教学与生活功能相对完善的班级学习区域。附属空间一般位于由几个班级教室围合形成的空间的中央或一侧,常用可移动的屏风或隔墙等对空间进行分隔,可提供共享空间、多元学习和灵活教学,可实施多种丰富的教学模式。班群教室布局型,使空间功能可以随着不同学习任务的需求而灵活改变,极大地丰富了学生的学习方式,例如,可进行自主学习、跨班合作学习等。增加的学习资源、自我表现的舞台和丰富多元的学习空间,有助于提高学生学习的积极性与主动性,有助于不同班级学生之间的交往与合作,也给教学活动的实施带来了诸多便利,并为学生的课间休息提供了舒适的环境。

班群教室布局也存在活动与声音干扰、空间管理难度提高、教师之间需要合作协调等问题。此外,从学生成绩的角度来看,班群教室布局对那些自制力较差的学生而言,可能会把大量时间浪费在无目的的闲逛和交往上。

因此,从这一角度分析,在传统教室里的学生可能会比开放性班群教室里的学生成绩好,然而后者却更多地促进了学生其他方面能力的发展,例如:动手能力、独立思考能力、交往能力、创造能力等。

(2)教室内的布局。教室内基本设施的布局,特别是学生座位等关键设施的空间分布方式,它们隐含着不同的教育意蕴,反映了教师的不同教育理念。教室的设施布局尤其是座位安排,会对师生的教学活动、师生和生生交往等产生潜在的影响,并最终会影响学生的学习行为和结果。总体而言,教室内的布局主要涉及各类设施的布局、教室空间的密度与拥挤感、学生座位编排、教室墙面布置等方面。

第一,教室设施及功能区域的布局。根据教室实际使用功能、班级成员的价值追求、教育理念和审美情趣,以及教室场地、资金等,设计教室内设施布局。

一是图书角。班级可设置开放式图书架,放置一些图书资料,供学生阅读,营造一种求知探索、奋发向上的气氛,激励学生勤奋学习、探索知识、追求真理,养成良好的读书习惯。书籍是人类的精神食粮,对于正在长知识的小学生而言尤为重要。在课堂教学中,学生只能接受有限的知识,班级的图书角可以满足学生的阅读需求、拓宽学生的视野。班主任可以通过各种行之有效的方法来收集丰富的图书、报纸、杂志等,然后由指定的学生进行管理和监督,学生可以自由地阅读自己感兴趣的图书资料。然后可以定期地举行各种读书心得交流活动,促进学生的知识交流,充分调动学生的积极性,使图书角充分发挥其应有的文化资源作用。

二是媒体设施区。一般在教室内安装有计算机、投影仪、互联网等设施,以满足教师对多媒体教学的需求。信息技术的迅速发展与教育的日益信息化,改变了班级教育对环境的要求。班级环境规划与设计要关注信息化时代学生对空间的不同需求,营建随时随地学习的空间,配备电源、无线网络等。

三是自然角。在教室里添置一些绿色植物来绿化美化教室,这使教室看起来有生机，避免单调、枯燥、乏味，调节师生心情，减轻师生班级生活的疲劳感。有些班级放置一些“人格化”的花草树木，如梅、兰、竹、菊、松等，激励学生提高自身修养、奋发向上。

四是活动区。班级活动区主要包括教室内过道、半室外空间等，如游廊、露台和阳台等，这些区域除具有交通功能以外，还是师生休闲、交流和活动的场所，是学生之间相互沟通、学习和进行德育宣传的重要场所，学生可以在活动区调节放松心情。

第二，教室空间的密度与拥挤感。教室空间密度和拥挤感直接影响学生的行为、学习效率、身心健康发展等。例如，空间密度过高和过度拥挤，学生攻击性行为、任务错误率等会上升。根据学生对空间的需求和班级人数的多少，通过合理规划为师生提供最佳的班级密度，避免过度拥挤。

第三，座位编排。座位编排是指学生日常座位次序的空间编排。课堂教学是学校教育的主要形式，座位编排突出地体现了班级的教育教学思想，直接影响学生的课堂学习行为与效果，以及课堂交往和人际关系等。座位编排方式主要有秧田式、小组式、圆形、马蹄形（U 型）等。此外，学生座位编排要从学生身心发展的角度加以考虑，要兼顾学生的身高、视力等身体情况，以及学生的性格、气质等心理因素，如将性格、气质不同的学生结合为同桌，遵守纪律和自我约束较弱的学生结合为同桌，学习能力强的与学习能力较弱的结合为同桌，某些内向或沉默的学生可以将其安排在教室的中心位置，从而使其更好地参与课堂交流活动，这样编排有利于学生优势互补、互相制约、共同发展。

第四，教室墙面布置。可在教室四壁和主要廊道，设计立体的展示空间，形成一个“会说话的墙”，在“此时无声胜有声”中对学生起到规范性、劝导性、启发性、调适性或激励性的育人作用，激发师生的求知欲、成就欲与创造热情，促进他们积极进取、规范自我，从而促进学生良好思想道德品质的形成。当然班级教室墙面布置应在因班制宜的基础上讲究艺术性与实用性的结合，原则上宜精不宜多，更不宜泛滥，应尽力避免因杂乱无章的各类图文符号而导致的视觉污染与视觉疲劳。在注重育人性的同时,应考虑展示方式的大方性、可接受性、生动性、美观性与高雅性。

(三)班级制度文化建设

班级文化由精神文化、制度文化、物质文化三个结构层面组成。在班级文化结构中,精神文化是灵魂与核心,物质文化是形式和条件。作为物质文化和精神文化的中介,制度文化是将班级文化的精神追求转化为具体的物质文化环境和师生行为方式的保障系统与实现途径。它在协调班级成员个体与群体的关系,以及保证班级的凝聚力方面起着不可或缺的显著作用。

1.班级制度文化建设的重要性

班级制度文化为促进班级共同目标、共同理念、共同价值追求的形成,为最终形成班级良好的生活方式、行为方式和环境文化氛围,提供坚实的保障。因此,加强制度文化建设对于班级文化具有重要意义。离开制度文化,班级文化建设将不可避免地陷入空洞化与形式化。

班级文化建设空洞化,主要表现为班级文化建设脱离班级师生精神生活的实际,脱离班级的理念、愿景、精神以及价值追求等,仅仅停留在"纸上"或"口号"上,没有能够转化为班级及其成员真正意义上的行为规范和行为方式,无法让班级精神文化真正融化到师生的心中。而班级文化建设形式化,主要指班级文化建设停留在物质形式本身,将物质形式本身当作是班级文化建设的主要途径、目标和内容,物质文化缺乏精神内核、缺乏顶层设计,不能很好地体现班级的精神追求与价值取向。班级文化形成的过程是在班级制度的保障下得以实现并得到发展、深化,在这个过程中,班级制度自身的质量也会不断得到提高。班级制度作为班级生活基本的规则,是班级各项工作活动顺利开展、有序进行的机制安排与体制保障。如班级卫生制度、班委换届选举制度等。正是有了这些制度,班级的日常管理才能分工明确,活动的组织开展才能秩序井然,班级成员才能各司其职,班级文化建设才能正常进行。

2.班级制度文化建设的原则

(1)体现班级精神。班级制度是体现班级核心价值观、实现班级目标和愿景的保障系统。在制定班级制度时,班主任应组织班级成员结合班级实际情况一起讨论、研究、制定有班级特色、符合学生发展实际情况的制度,并赋予其班级个性,体现班级精神。

班级制度蕴涵、体现的班级教育理念、班级精神,能够让班级成员理解各项规章制度的内容,进而切实遵守规章制度。教师要加强对制度的宣传,引导学生对这些“共性”制度形成心理认同,只有将“你的要求”变成“我的自觉”,才能让班级成员自觉遵守,才能将强制性的制度要求转化为成员的自觉行动。这就是班级成员认同班级制度的过程,它也是班级个性化制度形成的必然路径。在学生接受、认可、遵守班级制度的过程中,制度的文化价值及其文化影响力也将得以传递和输送,进而影响学生,使他们朝着既定的目标发展,实现班级教育理念。所以我们还要通过多种渠道,如班级橱窗、墙报等,来宣传制度内容,通过多种活动,如学校组织开展的各项集体活动、班内各项常规工作、班(团、队)会等,以此增强成员的制度意识,渗透、强化制度观念,发挥制度文化的导向、激励、规范功能。

(2)坚持以生为本。坚持以生为本,加强制度文化建设,就是强调班级一切制度都必须以学生为出发点和中心,围绕着激发和调动学生的主动性、积极性、创造性展开,体现学生的意志和需求,以班集体与学生共同发展为宗旨。班级加强制度文化建设,应确立以生为本的发展理念,充分尊重学生在班级建设发展进程中的主体作用与地位,将师生的发展和需求作为价值取向和价值追求,始终强调尊重、发展和维护师生的利益。加强班级制度文化建设,要重视学生的主体性地位,将他们的利益诉求作为规章制度制定的出发点和立足点。班级制度是教育手段,但绝不是以制约、管束学生不良行为作为目的的。积极的、富有激励性和引导作用的班级制度比严厉的惩罚手段更为有效。

(3)充分发扬民主。充分发扬民主,使建章立制的过程成为师生共同意志形成的过程。“人人为自己立法”,这是人本立法观的深入体现。扩大班级规章制度制定过程的民主性与参与度,意味着通过看得见的规章制度制定程序使班级成员的诉求得到充分表达。加强班级制度文化建设,必须在遵守党和国家的法律法规、政策以及班级教育教学活动的客观规律的基础上,坚持民主、公开、平等、协商的原则,让更多的师生参与到班级制度的制定、修改和完善过程中来,让师生进行充分酝酿和讨论。

(4)坚持制度"刚性"。坚持制度"刚性",切实加大班级制度的执行力度。班级制度文化最终体现为师生自觉执行制度。加强制度文化建设,需要严格执行规章制度,严格按制度规范约束师生的行为,严格检查、监督、考核制度的落实。班级制度执行需要注重普遍性、刚性和示范性。

第一,普遍性。班级制度的公正性不仅体现在内容上,更体现在制度实施的过程之中,班级制度一经公布、生效,对全体师生就产生普遍的约束力,制度对事不对人,触犯制度就必须受到追究。

第二,刚性。班级制度的有效性取决于制度是否得到有效、严格地执行和落实,加强班级制度文化建设,就是要树立制度的威信,加大对班级制度执行情况监察与管理力度,及时发现并惩戒违反班级制度的行为。

第三,示范性。班主任、班干部必须身体力行,率先垂范,带头尊重制度,带头严格执行制度。班主任、班干部的制度理念和制度执行情况,在很大程度上代表了一个班级的制度化。

3.班级制度文化建设的实施

(1)班级制度的制定。班级文化建设应该根据校纪校规,根据本班的实际情况制定一系列有利于班级健康发展的制度。同时,从班级制度的制定来看,应该是教师和学生全员参与制定班级制度。班级制度的存在是为了更好地服务于学生的发展,而不是一味地约束和限制学生的行动。学生是最具发言权的制度制定者和修订者。学生集体商议,确定最适合班级发展的各项规章制度,教师予以指正,充分展现学生的主人翁身份,这样有利于加强学生对班级及班级制度的认同感,在制度实施过程中会更积极地遵守规则,班级管理的顺利进行便有了有力的保障。

(2)班级制度的执行。在班级管理的宏伟蓝图中,必须坚定不移地落实好班级规章制度的执行情况,这是维系班级秩序、促进学风建设的关键基石。班级制度不仅需精心设计,更需历经实践的洗礼,以检验其合理性与适用性。一旦制度在实践中获得广泛认同,便应着力强化其执行力度,使之成为班级管理的刚性约束。为此,构建一种倡导自律、崇尚规则的文化氛围至关重要,通过定期的制度执行检查与评比机制,不仅能够督促学生将规章制度内化于心、外化于行,更能在日复一日的坚持中,培育出学生良好的行为习惯与自律精神,为班级的长远发展奠定坚实的基础。

(3)班级制度的管理。加强管理程序的制度建设,强化对班级管理行为的约束,加强管理程序的规范化、制度化建设。建立起一套行之有效的"程序性规章",从班级制度的草拟、讨论、出台、试运行、回馈、修改直至最后的长期执行等各个阶段,都有明确的"程序性规章"加以规范。程序性规章制度的完善,能够最大限度排除恣意、任性和偏执,使班级制度的立、改、废"有法可依",避免"言出法随""以言代法""以言废法"的现象。从整个班级管理过程来看,公正的程序能够极大地提升班级成员对班主任和班干部的信任,维系师生之间的良好关系,减少双方的摩擦。因此,公正的程序是班级管理效率提升的助推器。

(4)班级制度的修订。班级制度文化必须不断创新、与时俱进,但同时又必须保持班级制度的严肃性和延续性。因此,在创新和建设班级制度文化的过程中,必须始终考虑如何才能让班级制度延续下去的问题。当前,加强班级制度文化建设,最重要的是要具备尊重制度、维护制度和严格执行制度的理念,使之成为班级传统、特色和文化的重要组成部分。其次,坚持公开公正的原则,及时调整、修正那些不合时宜的规章制度,以便更好地适应和促进班级各项活动的开展。

三、班级文化形塑的课堂教学互动

在当今教育改革的背景下,班级文化的形塑成为课堂教学的重要内容。班级文化不仅是学生个体行为的外在表现,更是师生互动中潜移默化形成的集体文化。通过探讨班级文化形塑的课堂教学互动,我们可以深入理解班级文化的生成机制及其对教学效果的影响,从而为教师提供有效的教学策略。

(一)风格形塑的师生课堂行为

教师的教学风格在很大程度上决定了课堂氛围和教学效果。尽管教师的个人风格具有相对的稳定性,但在不同的班级教学过程中,教师的风格又会因班级学生行为的变化而发生相应调整。师生之间的互动不仅仅是知识传授的过程,更是文化交流和行为模式相互影响的过程。

第一,控制者:集权与放权。课堂是一个微型社会,充满了权力的抗衡与较量。教师通过控制课堂氛围来维持教学秩序,这种控制既体现了教师的权威,也反映了学生对这种权威的接受程度。上课前的仪式和课堂中的纪律维持是教师集权的表现,但在实际教学中,教师需要在集权与放权之间找到平衡。过度的集权可能压制学生的创造性和参与感,而适当的放权则有助于激发学生的自主学习能力和课堂参与度。

第二,训诫者:惩罚与教化。教师在课堂上的训诫行为不仅仅是对学生行为的约束,更是对学生价值观和行为规范的教化。惩罚行为在一定程度上能够维持课堂纪律,但如果过于严厉,可能会引发学生的逆反心理。因此,教师需要在惩罚与教化之间找到平衡,通过正面引导和积极的行为强化,来塑造学生的行为习惯和价值观念。

(二)班群风格与师生互动策略

班级作为一个社会体系,既有外显的正式结构如学习小组,也有内隐的非正式结构如自发的小群体。这些小群体在班级文化的形成过程中起着重要作用。帕森斯的社会化与筛选理论指出,班级不仅是学生学习知识的场所,更是其社会化的重要环境。

第一,分化:“反学校文化倾向—核心群体”结构。在一些班级中,存在着以反学校文化倾向为核心的小群体。这些小群体通过各种方式表达对主流文化的不满,如课堂上的起哄行为。这种行为不仅破坏了课堂秩序,也在一定程度上反映了学生对教师权威和学校制度的不认同。教师在面对这些小群体时，需要采取有效的策略，通过沟通和引导，将其纳入主流文化的框架内。

第二，整合："亲学校文化倾向—核心群体"结构。与反学校文化倾向的小群体相比，亲学校文化倾向的小群体在课堂中表现出对教师和学校制度的支持与认同。这些学生通常在课堂上表现积极，参与度高。然而，这类学生也可能因为其过于依赖教师而缺乏自主性。教师在培养这类学生时，需要注意增强其自主学习能力，鼓励其在课堂上发挥更大的主动性。

第三，社会化：师生互动策略。师生互动不仅是知识传授的过程，更是文化碰撞与融合的过程。在这个过程中，教师需要灵活运用各种互动策略，既要维护课堂秩序，又要尊重学生的个体差异。通过有效的师生互动，教师可以逐渐形塑出符合班级文化的课堂氛围，促进学生的全面发展。

（三）教学的社会文化情境

教学过程不仅是知识的传递，更是文化的传递。教师在教学过程中所面临的不是孤立的个体学生，而是作为社会组织的班级。班级的社会文化情境对教学过程有着深远的影响，教师需要在这一情境中不断调整自己的教学策略。

第一，课堂的社会规限性。课堂教学受到外部社会环境的影响和制约。不同的学校、不同的班级，其社会环境和文化氛围可能存在很大差异。这些差异会影响到教师的教学风格和学生的学习行为。因此，教师在进行课堂教学时，需要充分考虑外部环境的影响，灵活调整自己的教学方法。

第二，课堂的社会独特性。每一个班级都有其独特的社会文化情境，这种独特性不仅体现在班级内部的互动模式上，也体现在班级与外部环境的互动中。教师需要在了解班级独特性的基础上，制定符合班级实际情况的教学策略，以促进学生的全面发展。

第三，课堂的社会能动性。教师和学生在课堂中的互动不仅是被动的适应过程，更是主动的创造过程。通过不断地互动，教师和学生共同塑造了班级的文化氛围。这种能动性使得课堂教学成为一个充满活力的过程，教师和学生在互动中不断成长和进步。

总而言之，班级文化的形塑是一个复杂的过程，在教学过程中，教师不仅要考虑和发展作为个体学生的能力，更要考虑作为社会群体的学生在课堂教学过程中实现知识、情感与能力上的发展。①在这个过程中，教师不仅要关注学生的个体发展，更要重视班级作为一个社会组织的整体发展，努力营造一个和谐、积极的课堂环境，使学生在班级文化的熏陶下健康成长。

四、班级管理中的文化建设路径

班级文化是班级成员共同的行为准则和价值观念的集合，它不仅影响着班级的凝聚力和向心力，还对学生的全面发展具有重要作用。班级文化建设的路径多种多样，下面从四个方面具体探讨班级文化建设的路径。

（一）制定班级目标和愿景

1.确立共同愿景

制定班级目标和愿景是班级文化建设的首要任务。班级愿景是班级成员共同追求的理想和方向，是激励学生努力学习、积极向上的动力源泉。班主任和班级干部应结合班级实际情况，制定科学合理的班级愿景，使每个学生都能明确班级的奋斗方向。具体步骤如下：

（1）班级讨论与参与：通过召开班会，广泛征求学生的意见，确保班级目标和愿景能够代表全班同学的共同心声。

（2）目标细化与分解：将班级目标和愿景分解成可操作的具体目标，制定详细的行动计划。

（3）愿景宣传与强化：通过班级宣讲、海报展示等多种形式向全班同学传达班级愿景，使其深入人心。

2.树立榜样与标杆

在制定班级目标和愿景的过程中，树立榜样和标杆也是必不可少的。

---

①常亚慧，张鸿儒.班级文化形塑的课堂教学互动[J].教育科学研究，2020(12)。

班主任和班级干部应以身作则，树立良好的榜样，通过自己的言行影响和带动班级成员。具体措施包括以下方面：

（1）榜样教育：邀请优秀学长学姐分享他们的学习和生活经验，让学生看到可实现的榜样。

（2）标杆设置：班级内设立学科标兵、道德模范等榜样，通过榜样的力量带动班级整体进步。

（二）建立班级规章制度

1.制定科学合理的规章制度

建立健全的班级规章制度是班级文化建设的重要保障。规章制度是规范学生行为、维护班级秩序的重要手段。班主任和班级干部应根据班级实际情况，制定切实可行的班级规章制度，并严格执行。具体步骤如下：

（1）制度制定：通过讨论和协商，制定符合班级实际情况的规章制度。

（2）制度宣传：通过班会、公告等方式向全班同学宣传规章制度，使每个学生都能自觉遵守。

（3）制度执行：严格执行班级规章制度，做到有章必依、违规必究。

2.实行民主监督与管理

班级规章制度的有效执行离不开全体同学的监督和参与。班级应建立民主监督机制，确保规章制度的公平公正。具体如下：

（1）监督机制：成立班级监督小组，负责监督规章制度的执行情况。

（2）民主评议：定期召开民主评议会，让同学们对规章制度的执行情况进行评价，提出改进意见。

（三）开展丰富多彩的班级活动

1.多样化的班级活动设计

开展丰富多彩的班级活动是班级文化建设的重要途径。班级活动是增强班级凝聚力、培养学生综合素质的重要手段。班主任和班级干部应根据班级实际情况,组织开展各种形式的班级活动。具体活动形式包括以下三点:

(1)文艺演出:通过文艺演出展示学生的才艺,增强班级的艺术氛围。

(2)体育比赛:组织各类体育比赛,增强学生的身体素质和团队合作精神。

(3)社会实践:开展社会实践活动,让学生在实践中增长见识,培养社会责任感。

2.活动组织与实施

为了确保班级活动的顺利进行,班主任和班级干部应做好活动的组织与实施工作。具体包括三个方面:一是,活动策划:在活动前制定详细的活动策划方案,明确活动的目的、内容和流程。二是,活动宣传:通过班级公告、微信群等方式宣传活动,确保全班同学的积极参与。三是,活动总结:在活动结束后进行总结,评估活动效果,总结经验教训,为今后的活动提供参考。

(四)建设良好的班级舆论氛围

1.积极引导班级舆论

建设良好的班级舆论氛围是班级文化建设的重要内容。班级舆论氛围是班级成员对班级事务的基本看法和态度。班主任和班级干部应通过各种形式积极引导班级舆论,形成积极向上的班级舆论氛围。具体包括三个方面:一是,主题班会:定期召开主题班会,讨论班级事务,交流意见,形成共识。二是,班级刊物:创办班级刊物,鼓励学生投稿,表达他们对班级事务的看法和建议。三是,网络平台:利用微信、腾讯QQ等网络平台,建立班级讨论群,及时传达班级信息,收集学生意见。

2.营造和谐的人际关系

班级舆论氛围的建设离不开和谐的人际关系。班主任和班级干部应注重营造和谐的人际关系，促进学生之间的相互理解和合作。具体包括两个方面：一是，团队合作：通过小组合作学习、集体活动等形式，增强学生之间的合作精神和团队意识。二是，心理辅导：关注学生的心理健康，通过心理辅导和班会活动，帮助学生解决心理问题，促进心理健康发展。

3.树立正面舆论导向

在班级舆论建设中，树立正面舆论导向至关重要。班主任和班级干部应通过多种形式，积极引导学生树立正确的价值观和人生观。具体包括两个方面：一是，榜样示范：树立班级内的正面典型，通过他们的事迹鼓励全班同学积极向上。二是，舆论宣传：利用班级黑板报、微信公众号等媒介，宣传正面事迹和先进人物，营造积极健康的班级氛围。

（五）发挥班主任和班级干部的带头作用

1.班主任的领导作用

班主任是班级文化建设的领导者和组织者，其言行对班级文化建设具有重要影响。班主任应以身作则，通过自己的言行影响和带动班级成员，共同建设良好的班级文化。具体措施包括两个方面：一是，领导力培训：班主任应不断提升自身的领导能力，通过参加培训、阅读相关书籍等方式，提高自身素质。二是，以身作则：班主任应在日常工作中以身作则，树立良好的榜样，通过自己的行为影响学生。

2.班级干部的组织作用

班级干部是班级管理的骨干力量，他们的工作态度和能力直接影响班级文化建设的效果。班主任应注重班级干部的选拔和培养，提高他们的组织管理能力。具体包括两个方面：一是，干部选拔：通过民主选举，选拔有能力、有责任心的学生担任班级干部。二是，干部培训：定期对班级干部进行培训，提高他们的组织管理能力和工作效率。三是，干部激励：通过表彰和奖励等方式激励班级干部的工作热情，增强他们的责任感和使命感。

五、个性化与自主化班级文化建设

（一）个性化班级文化建设

个性化班级文化建设，指在班级管理与教育过程中，根据每个学生的独特个性和需求，量身定制相应的教育方法和管理策略，旨在营造一种尊重个体差异、激发个体潜能的班级氛围。

1.个性化班级文化建设的原则

个性化班级文化建设需要遵循以下原则：

（1）尊重学生个体差异。每个学生都有其独特的个性和需求，尊重学生的个体差异是个性化班级文化建设的基础。教师在制定教学计划和管理策略时，应充分考虑学生的不同背景、兴趣和能力，提供多样化的学习资源和活动，满足学生的个性化需求。

（2）激发学生的内在动力。个性化班级文化建设注重激发学生的内在动力，而不是依赖外部压力和奖励。教师应通过鼓励和支持，帮助学生发现和发展自己的兴趣和特长，增强他们的自信心和自主学习的能力。

（3）创建支持性学习环境。支持性学习环境是个性化班级文化建设的重要保障。教师应营造一种开放、包容和安全的班级氛围，让学生敢于表达自己的想法和感受，积极参与到班级活动中来。这样不仅有助于学生的个性发展，也有利于班级的凝聚力和团队精神的培养。

2.个性化班级文化建设的策略

（1）个性化教学。个性化教学是个性化班级文化建设的重要组成部分。教师应根据学生的不同需求和特点，设计多样化的教学活动和任务，提供个性化的指导和反馈。例如，可以采用分组教学、差异化作业和个别辅导等方法，帮助学生在自己的节奏和方式中学习和成长。

（2）个性化评价。个性化评价是对学生学习过程和成果进行全面、客观和公正的评估。教师应采用多元化的评价方法，如形成性评价、过程评价和自我评价等，关注学生的个性发展和成长过程，而不仅仅是最终的成绩和结果。这样不仅能够激励学生不断进步，也能帮助教师及时调整教学策略和方法。

（3）个性化班级活动。个性化班级活动是丰富和多样化的班级文化建设的重要内容。教师应根据学生的兴趣和需求，设计和组织各种有趣和有意义的班级活动，如主题班会、兴趣小组和社会实践等，让学生在参与中体验和发展自己的兴趣和特长，增强班级的凝聚力和向心力。

（二）自主化班级文化建设

自主化班级文化建设，指在班级管理与教育过程中，强调学生的自主性和主体地位，鼓励学生在学习和生活中主动探索和积极参与，培养他们的自主学习和自我管理能力。

1. 自主化班级文化建设的原则

在当前教育改革的背景下，自主化班级文化建设已经成为提高教学质量和促进学生全面发展的重要途径。自主化班级文化不仅强调学生的主体地位和自主学习能力，还注重构建一个开放、支持的学习环境。以下将从不同方面探讨自主化班级文化建设的基本原则。

（1）尊重学生的主体地位。尊重学生的主体地位是自主化班级文化建设的核心原则。学生作为学习的主体，其意见和需求应当被充分重视和尊重。教师在制定教学计划和管理策略时，应积极听取学生的意见，并根据学生的实际情况进行调整。这不仅有助于提高教学效果，还能增强学生的主人翁意识和责任感。具体而言，教师可以通过定期召开班会、问卷调查、个别谈话等方式，了解学生的想法和需求。同时，在课堂教学和班级管理中，给予学生更多的自主权和决策权。例如，教师可以让学生参与班级规章制度的制定，鼓励他们主动承担班级事务。这种尊重和信任，不仅能够激发学生的积极性，还能培养他们的独立思考和解决问题的能力。

（2）激发学生的自主学习能力。自主学习能力是学生终身受益的重要素质之一。在自主化班级文化建设中，教师应注重培养学生的自主学习能力，而不仅仅是知识的传授。教师应通过多种方式，帮助学生掌握自主学习的方法和技巧，培养他们的独立思考和问题解决能力。首先，教师应注重教学方法的多样化，采用启发式、探究式和合作学习等教学方法，激发学生的学习兴趣和内在动机。例如，在讲解新知识时，教师可以设计一些开放性问题，引导学生进行思考和讨论，从而促进他们的自主学习。其次，教师应加强对学生学习过程的指导和反馈，帮助他们制定合理的学习目标和计划。例如，教师可以定期与学生进行个别辅导，帮助他们分析学习中的困难和问题，并提供针对性的建议和帮助。通过这种个性化的指导，学生能够更好地掌握学习的方法和技巧，逐步提高自主学习的能力。

(3)创建自主学习环境。创建一个开放、自由和支持的自主学习环境，是自主化班级文化建设的重要保障。教师应努力营造一种宽松和谐的班级氛围，让学生敢于表达自己的想法和感受，积极探索和尝试新的学习方法和途径。

在课堂教学中，教师应鼓励学生积极发言，参与讨论，并给予充分的肯定和鼓励。例如，在讨论课题时，教师可以采用小组讨论的形式，让学生在小组内自由交流和分享自己的观点，然后再进行全班讨论。通过这种方式，学生不仅能够提高表达能力和合作能力，还能在交流中相互学习和借鉴，拓宽自己的视野。

在班级管理中，教师应注重建立一种民主、平等的管理模式，让学生感受到自己的重要性和价值。例如，教师可以设立班级委员会，让学生轮流担任班干部，参与班级事务的管理和决策。这不仅能够培养学生的组织和管理能力，还能增强他们的集体荣誉感和责任感。

2. 自主化班级文化建设的策略

班级文化是学生日常学习生活的重要组成部分，是影响学生全面发展的关键因素。在当前教育改革的背景下，自主化班级文化建设成为提升班级管理效率和学生自我管理能力的重要途径。自主化班级文化建设不仅有助于培养学生的自我管理能力，还能够促进学生的个性发展和团队合作精神。以下探讨自主化班级文化建设的策略，从文化理念的建立、制度的设计与实施、活动的开展以及师生关系的构建四个方面展开论述。

（1）文化理念的建立。文化理念是班级文化建设的灵魂，是指导班级各项活动开展的基本原则。建立自主化班级文化理念，首先需要明确班级文化的核心价值观。例如，尊重、责任、合作和创新等价值观能够成为班级文化理念的基石。在确定核心价值观的基础上，可以通过班级会议、座谈会等形式广泛征求学生的意见，使学生参与到文化理念的制定过程中来，从而增强学生对班级文化的认同感和归属感。

此外，还需要通过各种形式对文化理念进行宣传和教育。例如，可以通过班级墙报、文化墙等载体展示班级文化理念，或者通过班会课、主题活动等形式强化文化理念的教育。通过这些途径，使学生在潜移默化中理解并认同班级文化理念，从而自觉地将文化理念内化为自己的行为准则。

（2）制度的设计与实施。制度是班级文化建设的保障，是实现班级文化目标的重要手段。在自主化班级文化建设过程中，需要设计和实施一套科学、合理的制度，以规范学生的行为，促进班级的有序管理。首先，班级制度的设计应当遵循公平、公正和公开的原则，使每一位学生都能够在制度面前得到平等的对待。其次，在制度设计过程中，应当注重学生的参与和自主性。可以通过班级民主选举、学生代表会议等形式，让学生参与到制度的制定和修改过程中来，使制度更加符合学生的实际需求和班级的具体情况。制度的实施过程中，也应当注重学生的反馈和意见，及时进行调整和改进，以保证制度的有效性和适应性。最后，制度的实施需要有严格的执行和监督机制。例如，可以设立班级纪律委员会，由学生自主管理和监督班级的纪律情况；可以通过班级公约、班规等形式，将班级制度具体化、明确化，使学生在日常生活中能够自觉遵守和维护班级制度。

（3）活动的开展。班级活动是班级文化建设的重要载体，通过丰富多彩的班级活动，可以增强学生的集体意识和团队精神，培养学生的自主能力和合作能力。在自主化班级文化建设过程中,可以根据学生的兴趣和需求,设计和开展多种形式的班级活动。例如,班级联欢会、主题班会、社会实践活动、志愿服务活动等,都是增强班级凝聚力和学生自主能力的有效途径。

在班级活动的开展过程中,应当注重学生的主体地位,充分发挥学生的主动性和创造性。例如,可以通过班级活动策划小组,由学生自主管理和组织班级活动;可以通过活动总结和评比,激励学生积极参与和投入班级活动中来。通过这些措施,使班级活动不仅成为学生展示自我和锻炼能力的平台,也成为促进班级文化建设的重要途径。

(4)师生关系的构建。师生关系是班级文化建设的重要因素,良好的师生关系是自主化班级文化建设的基础和保障。在构建师生关系的过程中,教师应当树立服务意识,以学生为中心,尊重学生的主体地位和个体差异,营造平等、民主、和谐的师生关系。首先,教师应当注重与学生的沟通和交流,通过班级会议、个别谈话等形式,了解学生的思想动态和需求,及时给予指导和帮助。其次,教师应当注重与学生的情感交流,通过日常的关心和关注,增进与学生的情感联系,建立相互信任和支持的关系。

在自主化班级文化建设过程中,教师还应当注重发挥学生的主体作用,鼓励学生参与班级管理和决策。例如,可以通过班级自治委员会,让学生自主管理班级事务;可以通过班级评议和表彰,激励学生的积极性和创造性。通过这些措施,使师生关系更加融洽和谐,为班级文化建设提供有力的支持和保障。

第三章 小学班级日常管理

第一节 优化教室环境

优美的班级环境有利于陶冶情操，美化心灵[①]。教室里整齐、美观、清洁的布局，会给人赏心悦目之感，从而让学生在课堂上保持饱满的情绪。因此，班主任要有班级经营的理念，要善于营造一个人性化的、温馨的教室环境。班级环境的布置，不仅体现班级的精神面貌，而且直接影响到学生的心理健康。

一、教室环境优化布置的原则

第一，强化学生主体。创建班级文化环境，要摒弃由教师和少数同学包办的传统做法。现在的小学生思维活跃，个性彰显，民主意识强烈，这就要求班主任充分正视学生的特点，激发学生的主动性和积极性，给学生创新的思维空间、实践的舞台、展示自我的机会，让学生成为班级文化环境建设的主体。

第二，发挥激励作用。班级环境的布置，不仅要给学生以美的感受，更要具有直接的激励作用。现在我们经常看到的情况是，一些班级的教室，装扮得非常漂亮，但是处在其中时间久了以后，就会觉得其中缺乏实在的内容，是一种空洞的美。所以，班主任在班级环境布置中，要注意让其拥有激励的内核。

第三，要有针对性。教室布置不仅要考虑年龄阶段、知识层次的不同，

---

①王玮、《班主任班级管理实务》编写组.班主任班级管理实务[M].中国出版集团、世界图书出版公司，2010:87.

还要讲点针对性，因为不仅同一年级的不同班级有许多不同，就是同一个班级在同一学段的不同年级也会有区别。因此在布置教室时，班主任教师应该考虑本班的特点，考虑本班在不同时期的不同任务，从而让教室布置具有针对性。例如，学生之间不太团结，缺少凝聚力的班级，有必要在班训里加进表达团结协作之意的字眼，在栏目里加进增强团队精神的内容；又如，太过活跃的班级，在布置教室时可以考虑冷色调，而气氛沉闷的班级，在教室布置时可以多增加一些暖色。

第四，注意艺术性。布置教室要突出“美化育人环境”的“美”字，因此在布置教室时必须遵循整体性、艺术性的原则。追求琳琅满目，热闹缤纷，其结果往往适得其反。教室布置要力求风格鲜明，美观大方。标语要醒目，图画要精美，装饰要得体，前后左右要对称，栏目大小要相等，字体规格要统一，色彩搭配要适宜。既不要造成形影相吊的苍白单调，又要避免眼花缭乱的繁杂拥挤、破碎凌乱。字体上应选择正楷、宋体、隶体或较端庄的美术字，忌用草书。

第五，要实用性。教室布置不能只是装饰与点缀，而应考虑规范行为、培养品格、陶冶性情、锻炼能力、丰富知识、配合单元教学的实际需要。所有的栏目在填充内容时都要考虑所选内容是否有意义、有价值。在布置教室时，适时添加与教材有关的辅助教学资源，这是增强教室布置的实用性的有效方法。如上自然课时，可搞一个相关主题的图片展；上生理卫生时，可在教室的适当位置张贴人体结构图；上作文课时，可安排学生优秀习作展等。

二、教室环境优化的具体途径

幽雅的人文气息，厚重的教室文化，这种潜移默化的影响是不言自明的，甚至往往具有滴水穿石的力量。班主任在营造有利于学生发展的班级文化环境可以做到以下方面：

第一，教室前墙：教室正前方的墙壁，安放一块400×120厘米规格的黑板后，黑板的正上方通常会剩下超过70厘米高的空间，黑板的左侧和右侧通常会剩下200厘米宽的空间。对这三个空间常规的做法是：黑板正上方的墙壁空间用于设置“班训”；黑板右侧（教室前门）的墙壁空间，可开辟成用于班级建设、管理的园地；黑板左侧的空间，常用于悬挂电视，安放其他的电教设备，安放饮水机，这样，黑板左侧的墙壁一般不做另外的布置（如果没有这些设备，就可以将这片墙壁空间开辟成一块专栏，或者用来张贴或者悬挂《中学生守则》和《班级公约》）。

第二，教室后墙：教室的后墙是教室布置的一个重要空间，班主任一定要对这一空间进行认真布置规划。教室后墙如果安放有黑板，黑板正上方的空间可利用来集中张贴整个学段班级荣获的奖状、奖牌，黑板两侧各200厘米左右宽的墙壁空间均可开辟成专栏，黑板一般利用来办黑板报；后墙如果没有黑板，那么可以在距离地面120厘米左右的高度规划出一块500厘米×120厘米版面的墙报栏，除此之外还可以考虑其他的安排。另外，黑板右侧的教室角落一般可用于安置扫除工具。

第三，教室右墙：对于两面采光的教室，教室右面墙壁除开前后门和两扇窗户，已经没有太多的空间，除了墙壁中间的壁柱可用来悬挂条幅式的字画外，一般不作其他的考虑。如果这面墙壁只在中间开有一扇窗户，那么窗户两侧可利用的墙壁空间相对就比较大，可在距离地面120厘米左右的高度开辟两个左右对称大小均等的专栏。如果教室主要利用左面窗户采光，那么教室右侧墙壁的上部通常开有两个通风窗，通风窗下面距离地面120厘米左右的高度将分别剩下至少300厘米×100厘米版面的墙壁，布置教室时，这两块可开辟成大小相等、左右对称的专栏。

第四，教室左墙：教室左侧墙壁均用于教室采光，一般开有两扇窗户，对于主要利用这面墙壁的窗户采光的教室，这两扇窗户面积将很大，那么这面墙壁除了中间的壁柱之外将没有空间可利用；而对于两面均可采光的教室，这面墙壁上的两扇窗户可能是常规尺寸的窗户，由于这面墙壁不开门，因此除开窗户后，墙壁上将还有一定的空间可利用，在布置教室时，班主任教师可以灵活安排。

第五，两侧壁柱：通常教室左右墙壁的中间均有一根用于承受教室大梁的壁柱,这两根壁柱在布置教室时,均可用于悬挂条幅式字画,或者悬挂名人画像及语录。

第六,教室窗台:有些教室的窗台向外有延展,这样的较宽窗台,在充分考虑安全的前提下,可用于摆放盆景、花草。

第七,教室走廊:可以摆放盆景、花草,教室外墙墙壁可匀称地悬挂两幅名人画像及语录。

第八,桌椅安放:桌椅安放要考虑教室的整体布置。例如,为了让学生近距离观看左右墙壁上的专栏内容,左右两大组的桌椅均应向中间靠拢,空出80厘米左右宽的空间,这也有利于学生上课时看黑板。另外,桌椅的安放一定要整齐,这是班主任常抓不懈的工作,桌椅安放不整齐也将影响到教室的整体美观。

第二节 规范课堂纪律

一个班的课堂纪律的好坏反映一个班的班风和学风,这也是班主任工作的一个重点。不过,一个班级的课堂纪律并不能完全倚靠班主任一人,还得各科任课教师的协助。每个任课教师的上课风格、对学生的要求等都直接影响着一堂课的学习效果和课堂纪律。

传统的做法是班主任对那些不遵守课堂纪律的学生进行一味地批评与惩罚,但实际上效果并不尽如人意。要知道,班主任的强制管理只是课堂纪律的治标之法,学生的自我管理与对学习的积极性的提高才是课堂纪律的根本。作为班主任,如果能够充分调动全班同学对学习的积极性,投入课堂学习,保证班级整体良好的学习风气,让个别同学的捣乱和说小话成为班级课堂的不和谐音,由身边的同学提出制止与纠正,班主任进行及时的引导,就能保证活跃又不紊乱的课堂气氛了。所以,课堂管理是一门学问,要靠班主任的智慧管理才能取得良好的效果。

第一,强化学生对任课教师的尊重意识。班主任可以通过班会、晨会向学生阐述尊重教师的思想。尊重教师是学生文明礼仪的良好体现,而对教师最大的尊重,莫过于珍惜教师的劳动成果。同时,向学生真实地介绍各位任课教师工作的认真与辛苦,让学生明白任课教师为他们的付出,明白每一位任课教师都是爱护他们、关心他们的。这样一来,学生在以后上课的过程中就会对教师的讲课多一份理解和尊重。

第二,沟通学生与任课教师的情感。如果能在课余时间加强任课教师和学生的情感交流,让他们进一步地熟悉彼此,那么学生在上课时就会少一些抵触情绪,更加积极地听课;而任课教师通过这些沟通,也能更好地了解班级里的学生,会更科学地制定讲课计划。班里有什么活动,班主任可以让同学邀请任课教师参加。班里学生在学习上有问题,班主任可以鼓励他们多与任课教师沟通。除此之外,班主任可以和任课教师共同商讨班里同学的进步情况,讨论对同学间矛盾的处理方式,或者向任课教师请教班级的管理手段等,不仅取了经,也沟通了班级以及班级同学与任课教师的情感。

第三,充分调动学生的上课积极性。这是班主任进行课堂管理的一个大学问。班主任要细心观察学生在课堂上的一举一动,厘清学生不遵守课堂纪律的原因,然后对症下药。如果是课堂本身的问题,要和任课教师多做沟通,给予这些学生额外的关注;如果是学生本身的问题,班主任要及时进行个别谈话,纠正问题。

第四,利用班干部队伍。班主任还可以通过班干部的协助管理来整顿课堂纪律。例如从班干部那里了解班级的课堂纪律情况,可以让他们出谋划策,让学生自己管理学生,这样,那些调皮捣蛋的学生会更加服从管理,因为不仅是班主任一个人在看着他们,还有班上的很多同学在关注着他们。

第三节 班级安全教育

目前,安全问题已成为影响小学生教育的重要因素,所以班主任绝不能对安全教育工作掉以轻心。有些班主任以为只要把安全条例张贴在教室中,只要跟学生说过,甚至只要在自己的安全工作日记中记录着就行了,其实这样的想法和做法都是错误的,这样会给班级学生的安全留下了隐患。

一、帮助小学生树立安全意识

班主任对班级进行日常安全教育,最主要是使学生树立安全意识,这对学生来说是非常重要的。一般而言,班主任应该帮助学生树立的安全意识主要包括交通安全意识、活动安全意识、饮食安全意识、交际安全意识和网络安全意识。

(一)帮助小学生树立交通安全意识

随着城市交通迅速发展,马路上车辆越来越多。如果学生在马路上行走不留心的话,极易发生交通事故。班主任要提醒学生平时做到:走路走人行道,不在马路上玩耍;过马路走斑马线,注意来往车辆;在十字路口,做到红灯停、绿灯行;不足12岁不骑车上街,骑车不带人,不骑飞车;乘车时,不向窗外招手探头,乘车抓紧扶手、车停稳后再上下车。班主任要教育学生不仅自己要遵守交通法规,而且发现有人违反交通规则,要及时地劝阻。

(二)帮助小学生树立活动安全意识

班主任要提醒学生:在学校,课间不要追逐打闹,更不能攀爬阳台、楼道栏杆;大扫除时,严禁爬上窗台擦玻璃;上下楼须靠右,做到轻声慢步,严禁在楼道里打闹、推撞;严禁在楼道上做任何危险的动作。在社会上,要远离建筑工地、车多人多的道路等存在安全隐患的场所;不到深坑、池塘、水沟、河流等不安全的地方玩耍;不玩火,不燃放烟花爆竹;不进入网吧、电子游戏厅等未成年人禁止活动的场所。如果出门一定要告知父母和谁在什么地方玩,更不要很晚回家。

(三)帮助小学生树立饮食安全意识

生活中食物中毒的事件屡见不鲜。因此,班主任要教育学生购买袋装食品时要看清楚生产日期、保质期、生产厂家及地址,不购买“三无”食品;不在校门口和街头流动摊点购买零食,防止误食不卫生食品、过期变质食品,造成食物中毒;养成良好的个人卫生习惯,饭前便后要洗手。

(四)帮助小学生树立交际安全意识

班主任要不断培养学生的自我保护意识、提高自我保护能力,有效地避免和预防意外伤害。班主任要教育学生不跟随陌生人外出游玩,不吃陌生人给的东西,不让陌生人随便出入家门等。

(五)帮助小学生树立网络安全意识

网络正以前所未有的广度和深度飞速发展,它影响着我们生活的方方面面,改变着我们的传统观念和生活习惯。计算机及网络将会成为我们今后学习、工作、生活的必要工具。校园网民,特别是学生“网虫”日益增多。学生上网,在放眼世界,吸取网络营养的同时,亦不可避免地受到网络消极信息的冲击,影响着人们的思想情感以及生活方式和生活质量,尤其对涉世不深的小学生尤其严重,由于他们正处在青春前期或青春期,思想活跃,接受新生事物能力强,而辨别能力较差,人生观和价值观尚未形成,容易被“绚丽多彩”的网络世界所迷惑,从而迷失方向,导致道德的失落。

班主任要对学生进行网络素养教育,使学生自觉遵守网络道德规范,增强自我保护意识,引导学生正确认识网络,提高学生的信息道德意识,同时培养孩子分析互联网信息的能力及创造性使用网络的能力。

班主任要有超前意识,不断学习,拥有更高的信息素养,从网络中发现更多积极的因素,因势利导,引导学生正确认识和评价网络。如推荐适合学生浏览的文学、科普网站,当学生遇到难题时,指导学生在网上搜索答案,这不但能帮学生解答相关问题,而且提高了他们使用网络的能力。

二、通过多种形式开展日常安全教育

除了帮助学生树立正确的安全意识,班主任对班级进行日常安全教育,还需要做到以下方面:

(一)利用安全教育课进行安全教育

中华人民共和国教育部颁布《学生伤害事故处理办法》后,许多学校新开设了一门面向班级全体学生普及基本安全常识的课程——安全教育课。该课程一般有10个课时左右的教学时间，配备地方教材或本校教材，科任教师常由班主任担任。它使得班主任有了较为固定地对学生进行系统安全常识教育的时间。

（二）经常开展安全教育主题班会

开展安全教育主题班是班主任最传统和最常用的安全教育方式，其具体实施除了宣读安全守则、联系案例引导学生讨论和分析安全问题等方法外，还可进行如下创新：①在学生刚入学时，带他们去熟悉校园环境并实地进行安全教育。②开展“找身边隐患”的主题活动，让学生找出自己学习、生活过程中可能出现的安全隐患并提出防范整改措施。③组织开展以紧急疏散、人工呼吸、烫伤救护和预防自然灾害等为内容的安全演习或模拟情境训练活动，提高学生的防灾自救能力。④外出活动前针对活动特点组织专项安全教育，告诉学生如何防范和应对可能出现的摔伤、走失、交通、溺水等事故。

（三）成立班级安全领导小组并完善制度

成立以班主任为组长，班长为副组长，劳动委员、体育委员、各宿舍舍长等为成员的班级安全领导小组及事故处理小组，班主任负责全面安全工作，各班干部、舍长等具体负责某一时段的安全工作，如体育委员负责体育活动中的安全工作，舍长负责所住宿舍的安全工作等。制定和完善班级的安全管理制度，在教室、寝室、卫生、财产、放假等各方面均应有明确的安全规定。安全管理制度要落实到人，如宿舍长的职责之一就是在寝铃响10分钟后，若有同学未回寝室要及时向班主任报告等。

（四）引导学生进行自治管理与自我评价

班主任不可能也做不到一天24小时都跟着学生，只有充分调动班级学生自我管理的力量，构建安全自治管理模式，才能做到时时有人巡查安全漏洞、处处有人监控安全隐患。因此，班主任应在班级中建立诸如安全隐患排查小组、学生矛盾纠纷监控小组、学生行为规范督查小组、事故应急处理报告小组等自治组织，通过这些组织掌控班情，及时发现和排除安全隐患。

可以在班主任的直接指导下，每周由班长主持召开班级民主生活会，在会上通报学生一周的表现情况，表扬安全意识强、自我防范做得好的学生，对存在的不安全行为、隐患等提出严肃批评。同时学生在会上展开批评和自我批评，共同商讨制定有效的安全措施。有条件的应制定和实施“学生自我评价体系”，让学生每天从遵章守纪、行为安全、值班值日、学习进步、为班争光等方面进行自我评价并填写自我评价表，班主任定期对得分靠前者给予奖励。

三、对小学生进行安全教育要做到“五要”

除了要掌握方法外，班主任对班级日常安全教育还需要掌握必要的技巧，具体而言，就是要做到“五要”。

第一，嘴要多讲。安全工作要天天不厌其烦地宣讲，时时处处向学生敲警钟。讲的内容可以是事例，也可以是方法。讲的场合可以是专门的（如安全教育课上和主题班会上），也可以是临时的（如学生宿舍查房时、课堂教学下课前）。

第二，腿要勤跑。虽然学生大部分时间是在课堂上度过的，但千万别忘了课余时间，许多安全事故都发生在课余时间。如果认为学生休息了，班主任也该休息，管理上的“真空时段”最易造成学生失控出乱。因此，班主任要多牺牲休息时间，在课余勤跑班级教室、学生宿舍，一来可以进一步了解学生的动态近况，二来可以及早发现和处理安全隐患，做到“勤到位，早准备”。

第三，心要仔细。班主任在安全教育管理方面要做个有心人。如在平时为学生提供天气预报资料，提醒学生保暖防寒；在恶劣天气到来之前，提醒学生尤其是路途较远的学生注意交通安全。又如平时要注意资料的搜集，特别是违纪、生病学生的资料要尽可能搜集详细；当学生打电话请病假、事假时，班主任要留个心眼，及时电话联系家长，以证实学生的言行。

第四，要多鼓励。心理学研究表明，鼓励可以起到增加行为次数和行为效果的作用。班主任对待学生要讲究艺术，多一些鼓励，少一些指责；跟学生交往要民主平等，多一些沟通，少一些训斥。班主任只有取得学生的信任和尊敬，才能够依靠学生及时发现和消除班级中存在的安全隐患。如果班主任只看学生的不足和缺点，学生就会丧失自信，严重的将自暴自弃，厌学逃课，伤及身体。其结果反而是增添班级安全隐患，酿成班级安全事故。

第五，要多沟通。首先是与班级学生的沟通。当学生之间存在矛盾摩擦时，班主任要沟通在先，消除隔阂，争取将事故消灭在“萌芽”状态。其次是与任课教师的沟通。请任课教师在教学中注意观察学生的言行及情绪，发现学生有反常情绪或异常行为要及时同班主任“会诊”并“对症下药”。再次是与学生家长的沟通。把学校的安全管理要求、学生的近期表现等事项告知学生家长，最大限度地争取学生家长的理解、配合和支持。最后还要与学校相关部门沟通。如要求学生管理部门组织开展专项安全教育、隐患排查活动；要求相关部门排除班级教室和宿舍中门窗、床铺、水电、地板、天花板等方面的安全隐患等。

第四节 运用网络管理班级

网络是一把“双刃剑”，它给班主任的工作带来了冲击与挑战，但它作为一个新的育人环境，新的教育模式，新的教育手段和载体，又是一个有着巨大效能的教育场所。因此，充分发挥网络的优势，用丰富的德育内容，健康的班级文化，将网络转化为培养学生健康成长的前沿阵地，成为熏陶学生思想健康发展的崭新领域，正是广大教育工作者尤其是班主任开展班级管理工作的有效途径之一。

网络化班级管理是指在传统班级管理方法的基础上、通过局域网或广域网开展一系列跨越时空（实时和非实时）的班级管理活动。这种活动必须围绕现代班级管理思想、目标和内容来开展，是传统班级管理工作的延伸和补充，也是班级管理现代化发展的必然趋势。网络化班级管理主要通过在学校网站或者班级主页上建立班级电子档案(数据库)、网上课堂、虚拟社区、网上班队活动、网上家长学校、网上德育基地等途径来实现班级管理目标。

一、班级主页的管理

班级主页是实现网络化班级管理的阵地,是虚拟化的班级新舞台,可以建立完善的富有吸引力的班级主页,提供一个虚拟的班级管理的网络化环境。

规划班级主页时,要尽可能做到栏目设计科学、名称新颖、界面友好、布局简洁美观、内容丰富,既要体现学科教学、思想教育、班级管理的内在要求,又要生动活泼,不乏时代感,符合学生的心理特点和兴趣爱好。完善的班级主页的栏目设置一般应包括网上课堂(分学科学习、练习、测试)、班级管理(数据库)、班级日志(Blog)、网上班队活动、网上德育基地(主题类)、班级社区(聊天室、论坛、心理咨询)、网上娱乐、学生园地、网上家长学校、邮件列表等大体类别。主页制作完成后,班主任要定期检查和协助网页制作工作,收集反馈信息,调整栏目设置,不断丰富内容,及时更新。

班级主页除了有沟通桥梁的作用外,也是家长了解班级管理工作和学生学习状况的最便捷途径。通过建立"网上家长学校"等类似的交流栏目,可以促进家长参与学校管理。学校与家长联系的方式多种多样,但网络化管理使得班级管理开放性增强,便于家长随时了解班级活动状况和学生表现。班主任也可以通过邮件给家长发送学生成绩通知单或致家长信,通过论坛召开非实时的家长座谈会等,与家长交换意见,并同时得到学生的校外表现等信息。班级主页不仅有助于得到家长对学生管理工作的积极配合,也解决了班主任进行传统家访的时间矛盾,可以随时在线家访。

二、管理系统的管理

分类详尽、内容完善、方便检索的班级管理信息系统是班级管理工作流程系统化、规范化和自动化的基础。完善的信息系统对于管理者了解学生学习及思想状况、分析原因、解决问题和制定决策将起到重要的信息咨询功能。班级管理信息系统一般都能提供学籍管理(包括电子照片)、成绩管理、评语管理、考勤记录和奖惩记录、个别教育记录、班级工作计划等众多的功能,全面完整地记载班级的各种信息,又能将各种信息以融会贯通、浑然一体的面貌集中地呈现出来,使班主任对班级情况一目了然,工作效率事半功倍。

班主任还可利用该系统定期对全班学生进行普查,建立学生情况预警机制,对于成绩不够理想的学生及时提出警示。该系统的深入应用还可以促进教师改变对学生的评价模式,通过跟踪学生表现和学习成绩,发现学生的闪光点,改变以学期期末考试为依据的终结性评价方式为以学习过程为依据的形成性评价方式,在发展中科学地评价学生。为了掌握每个学生的个性特点,班主任需要在信息库中完善学生个性档案,尽可能详细地记录所有相关信息,建立起学习情况、个性特长、行为表现、品格发展、身体素质等数字化信息系统,并对各有关数据项进行及时准确无误的追踪记录。这对于后进生转化工作将起到重要的信息支持作用。班主任决策的过程实际上是一个信息的收集、整理和加工的过程,运用信息方法建立信息系统,就可以保证在决策之前,及时得到准确的情报,为班级管理决策提供科学依据。

三、网络主题班队会的管理

主题班队活动是班级管理中进行思想教育的常见方式。传统的班队会活动,通常是班级学生、教师围坐在一起,在黑板上写好主题活动的名称,节目一个接一个演,活动一个接一个地进行。这样的班队会往往是由教师一手策划,队员在活动中的参与率较低,学生的主体性得不到发挥,学生参与的积极性大打折扣,活动很难达到预期的效果。校园进入了信息时代,网络文化赋予了班队活动新的意义,信息时代特有的工具给单调的班队活动形式带来了勃勃生机。充分利用网络的信息优势,培养学生的创造精神和实践能力,开展新型的班会活动,互联网可以成为主题班队会的新平台。

设计适合学生年龄特征、形式活泼、内容丰富的各类主题班会,班主任推荐可选择的站点,让学生利用互联网搜集网络资源,进行再处理和加工,形成自己的观点,然后把自己的成果制作成幻灯片、网页、画册等与同学们交流展示，或者将优秀网页发布到班级或学校主页上，学生在展示中会获得最大的成就感。在这一过程中，学生可以有目的地漫游网络知识海洋，搜集、筛选有价值的信息，自然会减少游戏、娱乐和交友聊天的时间比例，而更多地利用互联网开展研究和创造性的活动。

四、博客日志的管理

班级博客日志(Blog)是传统班级日志的网络化改进版，作为班级建设制度的一个重要方面，它能充分发挥每个班级成员的能动作用，集激励、表扬、批评、自教于一身，采取自主管理这种先进的班级管理模式，能有效地推动班级工作的开展，达到建设优秀班集体的目的。Blog不仅带来记录的便利，而且增加了班级管理工作的公开性和透明度，班主任对班级一些事情的看法也应该让学生看到，并且得到来自学生的反馈。采用博客日志，能为班级建设长期积累数字化资料、数据和素材，加上方便跟踪和检索，对于实现科学化的自主管理是十分有效的。

如果校园网提供Blog服务，可以给每个班主任提供两个Blog：一个班级用Blog，由学生参与；一个班主任用Blog，由班主任管理。班级用Blog可作为班级日志，让更多的学生参与进来，作为写作园地、网络小报、德育专题、留言板等发表看法的场所。利用班级博客日志，不仅班主任，全体学生和其他任课教师都可以参与到日志的记录中来，其中的信息量和真实性，远比纸质日志更多更全面。同时，因为有了更多学生的参与，也会更加活泼和生动。班级任何活动都可以使用Blog的方式记录，例如每次活动的进展，遇到的问题，需要什么样的支持和帮助。班主任、任课教师或其他班级的学生也可以通过Blog随时关注活动的进展。这个Blog能够随时让每个成员都看得到，并且可以对其中的问题进行评论。这种交互性可以增强班集体的凝聚力，加深学生之间的沟通和了解。

五、班级论坛的管理

在网络中，学习的环境与气氛是虚拟的，尽管教师与学生、学生与学生可以通过聊天室或讨论区进行互动与交流，但这种交流与面对面的交流有着很大的区别，特别是交际双方的心理活动会有很大的差异。现实的班主任日常管理，必然要与学生面对面交流，虽力求平等对话，但有时会在学生心理上造成居高临下的压力，这种心理压力是无形的。以网络为媒介的班级论坛交流则消除了这种压力，即使胆小、内向或害羞的学生也会乐于参与网上讨论与交流。由于这种交互双方身份的隐蔽性，可以使学生说出自己的想法和观点。班级论坛作为师生交流的新纽带，其优越性是传统班级管理无法比拟的。

班级论坛还是一个学生相互交流的平台，学生的交往将更加自由，缓解了心理的闭锁性，拓宽了交往面，加深了学生的了解，一旦形成健康向上的班级舆论，班集体的教育功能将得到充分发挥，对于形成良好班级文化氛围，促进班级面貌改变是有积极作用的。

六、电子邮件的管理

利用网络与学生沟通，除了使用班级论坛外，另一个最常用的交流工具就是电子邮件(E-mail)了。使用电子邮件加强与学生思想沟通应该是有网络基础的。班主任可把自己的E-mail地址在班内公布，欢迎学生来信以署名方式或匿名方式交流学习问题、生活问题、思想问题或班级管理问题。由于 E-mail的匿名性、隐蔽性的特点，能充分缩短师生之间的心理距离，消除班主任职业所赋予的权威给学生带来的心理压力，学生可以大胆地各抒己见，真实地表达自己的内心想法。

第五节 依法治班与科学管理班级

一、依法治班

由于当代小学生处于开放的社会中，跟以前的学生相比，当代小学生的思维更活跃，思想更开放，行动更洒脱。但由于他们的思想不成熟，判别能力差，班主任在班级管理中应强化自身的"法治"意识，引导学生制定班级规范，指导学生开展班级法制教育活动，引导学生在执行班级规范的日常教育中受到潜移默化的熏陶，使学生形成强烈的法治意识，养成良好的遵纪守法习惯，更好地完成"社会化"进程。

班级是个"小社会"，班主任个人的意志代表不了每一个学生的意志，也无法左右每个学生的意志和行为。开放的社会、开放的教育需要班主任在班级管理中实行开放的"法治"。班主任应该时刻抑制自我中心意识，把自己放到和学生平等的地位，在教书育人过程中时刻把学生当"助手"，一切与学生有关的事情都要"商量"。

（一）引导学生参与制定班级规范

班级规范的制定，首先要符合大方向，也就是要遵循国家的教育方针、教育目标，符合学校的整体工作思路，尤其是德育工作思路。因此，班主任有必要向学生介绍国家教育方针、教育目标以及学校的工作思路，介绍教育发展形势，引导学生学习《中小学生守则》《中小学生日常行为规范》以及学校制定的学习、生活等各项规范。班主任在引导学生学习有关方针、政策、守则、制度的基础上，首先，要让学生对班级已有的规范进行全面清理，要求学生写出喜欢和不喜欢的班级规范的原因，以保证班级每一条规范都能体现学生的意愿与意志。其次，由班级干部汇集、整理、归类学生意见，酝酿拟定新的班级规范初稿，班主任提出修改建议，分发给每个学生，充分展开讨论。再次，由班级干部整理定稿。最后，由全班学生讨论通过后并予以实施。班级规范要充分体现出规范、引导、激励学生的作用。班级规范的执行不能仅停留在一般常规的具体落实上，不能仅要求学生必须做什么，能做什么，还要能够引导学生向更高的标准去努力，要提出一些学生通过努力能达到的倡导性要求。班级规范不必面面俱到，要针对班级学生中存在的、普遍需要解决的问题来确定条款。例如，学生已经养成了上课不迟到、不早退、不旷课的习惯，但有些学生身体素质差，锻炼身体的意识不强，这时在班级规范中就不必再列出上课不迟到、不早退、不旷课条款（这些条款学生守则中有，不必担心学生不去做），而要对学生发展身体素质提出比较明确的规范要求。这样的规范才符合班级实际，有班级个性，也更具操作性，更能产生实际效果。

（二）创设班级管理工作岗位

在班级实施“法治”管理的背景下，推崇“全民皆官”的理念，倡导全班共管，确保班级中人人有事可做，事事有人负责，从而使每位学生在管理与被管理的过程中体验管理的多方面感受，增强其遵守班级规范的意识，并提升“法治”管理的效能。

第一，自荐竞选班长机制。班长在班级管理中扮演着核心角色。其选拔过程需遵循以下原则：①学生需自愿为班级服务，即主动自荐；②班长候选人必须参与竞选，接受全体同学的评估；③经全体学生投票后，票数最高者当选班长，对全体同学及班主任负责。

第二，选举产生班级管理委员会。班级的班委会等职位通过学生竞选产生，其选举流程与班长竞选相似。该委员会的主要职责是确保班级在学习、思想、文体活动、卫生劳动等各方面工作的连续性，避免因班干部轮换制、值日班长制的实施而导致工作中断。委员会成员需精简高效，任期通常为一学期。

第三，实施值日班长制度。值日班长制度意味着每天按姓氏笔画、座位顺序或学号顺序轮换一名学生行使班长职责，在班级管理委员会的领导下全面负责当天的班级日常事务。班主任应对每位值日班长进行上岗前的培训指导，并在其卸任后总结经验教训，以便学生在下一轮工作中表现更佳。

第四，实行班干部轮换制度。班干部的能上能下是竞争社会的基本法则。作为成长中的学生，也需要适应这一原则，以备将来更好地适应社会。班干部轮换应遵循以下原则：①为确保班级工作的连续性，应确定轮换中新旧干部的比例，具体人选由新任班长提名并经班级选举通过；②每轮干部任期至少为半学期，既保证干部得到有效锻炼，又避免其他学生失去锻炼机会；③班主任应对每任期的班干部进行培训和指导，确保其通过管理实践积累管理经验。

第五，设立班级公共事务管理小岗位。班主任还应指导班干部将卫生、公物保管等班级公共事务分配给每一名学生，并与学生的考核挂钩。此外，班级可设立学习互助岗、生活自理岗、文体活动岗、信息交流岗、板报宣传岗、图书管理岗等多种特殊岗位，使学生在班级管理中能找到满意的位置，各展所长，各尽其能。这些岗位虽小，但它们是班级管理的基本单元，属于基础性工作，因此其岗位职责必须具体明确，且班主任要时常给予指导。

（三）促使学生成为班级管理的主人

对班级创设的各种管理工作岗位，班主任决不能越俎代庖，否则，这些岗位无异于形同虚设。班主任要相信各个岗位管理者的能力，应该放手让他们组织各项活动，在活动中不仅要让能说的说、能唱的唱、能做的做，使每个学生有参与的公平机会，还要让不善说的学着说，不善唱的学着唱，不善做的学着做，使每个学生在班级活动中锻炼成长。各项活动可以由班级相应岗位的承担人组织，班主任给予必要的点拨。

班级中综合性的活动，如参加学校运动会，参加学校法制教育月，参加学校艺术节，组织班级素质教育成果汇报会等，这些活动内容广泛，涉及人员多，活动时间长，因此应由学生报名组建专项活动组委会。专项活动的具体组织由组委会全权负责，对班级全体学生负责，对班主任负责。组委会因活动的开展而设立，因活动的结束而撤销。

班级中的常规管理活动，如班旗、班徽、班歌、班训的制定，如三好学生、优秀学生干部的评选，学生操行等的鉴定都应该由学生唱主角，以切实增加这些管理性活动的透明度，杜绝“暗箱”操作行为，给每一个学生以公平、公正、公开的待遇。

（四）建立班级“法治”执法监督机制

如果有“法”不依，违“法”不究，执“法”不严，那“法治”则是空谈。班主任和班级每一个岗位上的管理人员都要乐于接受监督，形成自觉接受监督的良好习惯。

第一,设立建议信箱或意见信箱或班级自主管理信箱。设立建议信箱或意见信箱或班级自主管理信箱,其目的就是广开言路,获得班级“法治”的综合信息,使执“法”监督、执“法”检查有据可依。

第二,设立班级违纪处理合议庭。班级违纪处理合议庭由班长、纪检委员、值日班长组成,是一个动态的监督组织。合议庭依据广泛调查取证,对照校纪班规合议作出处理意见,处理意见书面通知违纪人并书面报告班主任等规定程序公正行使职权。

第三,设立班级违纪仲裁小组。班级违纪仲裁小组由班主任、团支书、值日班长组成,负责对班级违纪合议庭对违纪学生处理意见进行复议,即维护被处理学生的合法权益,维护校规、班规的严肃性,减少和杜绝人为因素的影响和干扰。

第四,坚持民主评议制度。班主任要定期召开民主生活会,组织学生交流,组织师生开展批评与自我批评,提高师生的“免疫力”,努力促进学生个体在相互交流中对照校纪班规发现自己的缺点和不足,并及时提出对近期班风、学风建设的认识及建议。班主任和学生通过民主评议可以发现班集体学习、纪律、生活、管理等各方面存在的问题,有助于班主任及时予以指导、引导,使班级管理更加民主、科学、规范。

二、科学管理班级

班主任作为班级的领导者,应当学会运用科学管理知识来管理班级,新时期的班主任要学会运用管理学中的X、Y、Z理论。

(一)班主任管理工作中的X理论

不同的班主任,对所在班级的学生有不同的看法,持X理论观点的班主任认为:

第一,多数人天生懒惰,多数学生不愿意学习,只要可能就会逃避学习。

第二,多数人胸无大志,多数学生不愿意承担重任,人们总是喜欢依赖别人,心甘情愿地接受别人的指挥。

第三,多数人安于现状,多数学生不愿意接受新的东西,学生容易受骗上当,习惯盲从。

第四,多数学生以自我为中心,多数学生只注重自我而忽视组织的存在,特别是在独生子女群体中尤其突出,因而会常常发生个人的打算与组织目标相矛盾。

第五,人大致可分两类,多数人是符合以上设想的,而少数人能够克制自己的感情、自我鼓励,这些人能够担负起管理的责任。

持这种观点的班主任,必定使用“大棒加胡萝卜”[①]的策略管理学生,用名利作为激励学生的主要工具,把惩罚视为一种有效管理学生的手段。

(二)班主任管理工作中的Y理论

持Y理论观点的班主任,班级管理工作建立在对学生充分信任的基础之上,对人的天性和行为动机有恰当的认识,他们这样看待他的学生:

第一,一般而言,人都是勤奋的,并非天生厌恶学习。如果具备良好的环境和学习条件,学生的学习就如同做游戏和休息一样自然。相反,如果学习环境和条件不具备,会让学生感受到一种屈辱和惩罚。

第二,控制和惩罚不是使人实现组织目标的唯一方法,班级管理不能依赖于单纯的奖惩制度,更重要的是要相信学生的自觉,充分相信学生的自我控制和自我教育能力,让其充分发挥潜力。

第三,激励在任何时候任何地方都是需要的、都是起作用的。当好班主任的秘诀之一就是赏识自己的学生。班主任的最大责任,在于使用各种有效的方法,使学生在致力于学习和投入班级活动过程中,获得个人自我最大需要的满足,学生在班级里得到快乐和幸福是班主任工作的最高境界。

第四,在正常情况下,人们不仅会接受责任、对工作负责,而且会主动地寻求责任。逃避责任、缺乏抱负并不是人的天性,大多数人在解决困难问题

---

①“大棒加胡萝卜”的策略是指同时采用惩罚与奖励两种手段来激励或管理他人。

时，都能发挥出相当程度的想象力和创造才能。班主任的工作要通过学生的表现来体现，好的班主任无时不在，他不在班级时学生时时都感觉到班主任的存在，他在班级时学生并不因为班主任在场而感觉到受拘束。

第五，一般而言，人的智慧和潜力只发挥了一部分，而没有得到全部发挥。加德纳告诉我们，人的智能有八种，不同的人在智能方面存在相当大的差异。班主任的责任，就是要创造适当的条件，使学生的聪明和才能得以自我实现，所有的学生都是聪明的，只是他们的聪明各有不同。

Y理论是以人为中心的理论，持Y理论的班主任会认为他的学生个个都有成长和发展的潜力，他会利用学生的本能动机、发挥出学生的学习潜能。这样的班主任会不断改进自己的工作，提高工作效率，挖掘潜力、排除障碍、鼓励发展和帮助引导，为学生创造更好的学习条件，让学生承担更多的班级管理责任。

（三）班主任管理工作中的Z理论

中国古代以孟子为代表的思想家提出过"人性本善"的理论，以荀子为代表的思想家则提出了与之相反的"人性本恶"的理论。千百年来，性善、性恶并无定论。

小学生处于未成年期，身心都在不断发展和变化之中，在不同的情况下会有不同的需要和心理动机。有时候，在相同的情况下，对同一事物，也会表现出不同的需要和感情。因此，班主任工作的X理论并非没有用处，Y理论也并非万能的。针对不同的情况，选择或交替使用X理论和Y理论，这就是Z理论，也可以称为超Y理论。这种理论的实质就是提倡将个人、班级、教学目标三者之间做最佳的配合，形成班级内外的和谐统一。

第一，一个新班级是由来自不同社区和家庭的学生走到一起而形成的。来到这个班级的学生的自身条件与动机各有不同，但是他们来到这个班级的目的都是实现自己的人生目标，都需要通过这个班级来融入社会，使个体社会化，正是教育工作的最基本的职能。

第二，不同的人，对管理方式的要求是不一样的。有的人喜欢用X理论来管理班级,有的人喜欢用Y理论来管理班级。教育的方法多种多样,同样的方法用在特定的班级可能是正确的,可能是经典之作,但照搬照抄到别的班级不一定适用。

第三,班级的目标、学生的行为习惯和学生素质条件对班主任的工作有很大的影响。班主任选择适当的工作方式,要了解自己的学生。高明的教师看重的不是教学生学习什么,而是要知道学生需要什么,尤其是要教会学生所不知道的东西。教给学生同样的东西、用同样的方法来教,对不同地区的学生效果是不尽相同的。

第四,当目标达到以后,个人的需要得到满足,原来已经实现的目标,又会激起学生产生新的需要,向着新的更高的目标努力。教学实践中有一种让学生如何摘果子的说法,一部分教师主张让学生跳一跳才能摘到果子,另一部分教师主张让学生伸出手就能摘到果子。班主任实际上要让学生不断地伸出手采摘果子,一个接一个地去摘,有的果子可以轻而易举地让学生摘到,有的果子则需要跳起来去摘,这样多次反复地能摘到果子的学生才能不断成长和发展。

在管理学上的Z理论,实质上是一种情势理论,它要求管理者根据实际情况,灵活地采用不同的管理方式,尽可能做到具体情况具体分析,做到因时而异、因事而异、因人而异,不同情景采用不同的方法,而不是千篇一律或因循守旧。Z理论在班主任工作中的运用,就是要求我们的班主任在教学管理的实践中落实因材施教的理念。

第六节 班级偶发事件管理

一、班级偶发事件概述

班级偶发事件[①]带有明显的突发性、紧迫性和冲击性等特点。偶发事件

①班级偶发事件,是指在正常的教育教学活动或学生的日常生活当中,发生的出人意料的事件。

出人意料，往往是在看似正常的情况下，突然爆发出来，具有典型的突发性。由于偶发事件是突然爆发出来的，又出人意料，且往往是矛盾冲突的结果，场面一般非常紧张，需要迅速采取措施，具有紧迫性的显著特点。班级偶发事件在正常的教育教学活动中突然爆发，严重冲击正常的教育教学秩序，一旦处理不当，会造成相当恶劣的影响，因而具有相当的冲击性，甚至是破坏性。

班级偶发事件是班级教育工作中不可避免的一种现象。每个班几十个学生生活在一起，他们的个性不同，气质各异，身心处于不断发展变化之中，且每个学生都是具有主观能动性的人，朝夕相处中难免出现一些意外的事情。班级偶发事件产生的原因比较复杂，既与纷繁的社会环境有关，也与家庭、教师自身等因素相关，甚至与自然环境也有关系。例如家长到班级闹事、个别教师脾气暴躁、学生与社会闲散人员纠纷等。班级偶发事件的性质和范围多种多样，例如学生上课突然捣乱、学生之间突然吵架、学生在活动中突然受伤、班干部突然闹情绪等。

（一）班级偶发事件的类别划分

班级偶发事件发生的时间、地点、涉及人员等均有不确定性。事件大多发生在校内，也有的在校外；有的在课堂上，有的在课余；有的是教师与学生之间，有的是学生与学生之间；有的是本班学生之间的矛盾，有的是班与班之间、校与校之间，甚至与社会人员发生冲突；有的是个人间的鸡毛蒜皮小事，有的则影响着全班、全校的大局；有的发生在一两个人之间，有的涉及面很广；有的属于一般问题，有的性质严重，甚至是恶性事件。根据不同的标准，可以把班级偶发事件大致分为以下类别：

第一，根据导致事件发生的原因，可以把班级偶发事件分为潜发性和随意性两类。潜发性的班级偶发事件，是指已有某种潜伏因素，由于某一导火线而突然爆发出来的事件。例如有的班干部原本就觉得自己受了委屈，为一琐事争吵而提出辞职。随意性的班级偶发事件，是指事先没有准备，只是由于当时某种具体矛盾而导致的事件。

第二，根据后果的严重性，可以把班级偶发事件分为平常性和特殊性两类。平常性的班级偶发事件，是指事件造成的后果较为轻微，例如师生课堂矛盾、学生吵架、旷课、小偷小摸等。特殊性的班级偶发事件，是指事件造成的后果较为严重，具有较大的影响，在学校、家庭中往往一时成为爆炸性的新闻。

第三，根据性质的不同，可以把班级偶发事件分为恶性事件和中性事件。恶性事件，是指班级偶发事件具有典型的破坏性，甚至是有目的的破坏性，严重影响学生个体或班集体的利益与形象，扰乱正常秩序或危及学生安全的事件。这类班级偶发事件对班集体的团结破坏性很大，以致严重影响班级组织的正常运行。

（二）正确处理班级偶发事件的重要意义

班级偶发事件既是挑战，也是机遇。班级偶发事件可能造成师生之间、学生之间的严重对立，影响班级组织的凝聚力。因此，正确处理班级偶发事件意义重大，它既具有教育效果的即时性，又具有教育效果的长期性。首先，从教育效果的即时性来看，班级偶发事件的解决迫在眉睫，学生对教师解决班级偶发事件的期待心理比平时更为突出。如果教师能顺利处理好，则会使学生感触良多，师生间将更容易沟通，相处将更为融洽。其次，从教育效果的长期性来看，班级偶发事件的偶然性，往往给师生留下的印象会非常深刻，正确处理班级偶发事件甚至会创造出新的教育契机，为班级组织的发展奠定良好的基础。

第一，对学生个体。班级偶发事件的直接当事人可能是某个或某几个学生，但是它具有很大的扩散性，班级中甚至学校中的其他学生都是班级偶发事件的间接当事人。班级偶发事件的处理结果，对所有学生都具有十分重要的规范和约束作用。通过班级偶发事件的处理，所有学生都能够从中得出自己的看法、结论，在内心树立自己以后的行为准则。如果班级偶发事件处理得妥当，那么多数学生就有了正确的行为准则，他们以后的行为就有了明确的规范和约束。

第二，对班集体。班级偶发事件如果处理不当，就会损害班级的形象和声誉，降低班级的影响力，造成强烈的反响和震动。其危害所及，不仅是偶发事件的当事班级，还可能波及整个学校，甚至产生严重的社会影响。因此，正确处理班级偶发事件则有助于增强班级的凝聚力和向心力。在处理班级偶发事件的过程中，班主任可以借机加强班级的纪律建设，促进学生之间的互相理解和支持，从而形成良好的班风和学风。此外，班级偶发事件的处理还能够增强班级的集体荣誉感，使学生更加珍惜和维护班级的形象。例如，通过对某些破坏班级秩序行为的严肃处理，可以有效地遏制不良风气的蔓延，进而塑造一个积极向上的班级文化。

第三，对班主任。班级偶发事件的处理与班主任的素质同样密切相关。由于事出偶然，没有预先的思想准备，也往往没有充裕的时间仔细思考处理的对策，班级偶发事件往往都非常棘手。班级偶发事件需要班主任迅速机智地反应、处理，需要班主任充分运用他的智慧、胆识、思想和艺术，最容易体现出一位班主任的理论修养、思想水平、办事能力和教育智慧。因此，班级偶发事件的处理是班主任的磨砺机会，只要班主任善于学习和反思，必定能从处理班级偶发事件的过程中不断积累教育经验，进而提升自身的素质。

二、处理班级偶发事件的原则与方法

（一）处理班级偶发事件的原则

1.以生为本、重在教育

在教育的广阔天地里，教育工作者肩负着塑造未来、启迪智慧的崇高使命。我们深知，所面对的学生群体，是充满无限可能与活力的生命体，他们正处于身心发展的关键时期，其成长过程伴随着探索、困惑与挑战。因此，“以生为本、重在教育”这一核心理念，不仅是教育实践的指南针，更是教育伦理的基石，它要求我们在应对班级偶发事件时，始终将学生置于核心位置,以促进学生全面发展为最终目标。

(1)秉持责任之心,奠定教育基石。责任,是每一位教育工作者不可或缺的品质。面对班级偶发事件,班主任须以高度的责任感为驱动,迅速而准确地介入,这不仅是职业素养的体现,更是对学生负责、对教育事业忠诚的彰显。高度的责任心促使教师在处理问题时,能够超越个人情绪与偏见,以冷静、理性的态度审视事件本质,确保每一个处理决定都基于对学生最佳利益的考量。同时,这种责任感还促使教师将偶发事件转化为教育资源,通过个别案例的深入分析,引导全体学生反思成长,实现教育的最大效能。

(2)倾注情感之泉,润泽学生心田。教育,是心灵与心灵的对话,是情感与情感的交融。在处理班级偶发事件时,班主任应成为情感的纽带,用温暖的话语、关切的眼神、耐心的倾听,搭建起与学生沟通的桥梁。通过情感的传递,让学生感受到被理解、被尊重与被关爱,从而减轻心理压力,积极面对问题。此外,班主任还需具备敏锐的心理洞察力,关注学生的情绪变化与心理需求,以慈母般的情怀,为学生提供必要的心理支持与辅导,帮助他们走出困境,重拾信心,健康成长。

(3)践行宽容之道,塑造和谐氛围。宽容,是教育智慧的体现,也是人格魅力的展现。在班级管理中,面对学生的错误与过失,班主任应以宽容的心态,给予学生改过自新的机会。宽容不是纵容,而是基于对学生成长规律的深刻理解与尊重,是在理解学生、信任学生的基础上,采取的一种更为人性化、更富有成效的教育方式。通过宽容,教师能够消除学生的戒备心理,建立起师生之间的信任与尊重,为问题的解决营造良好的氛围。同时,宽容也教会学生学会理解、学会包容,促进其社会性的发展。

2.迅速果断、冷静沉着

(1)及时应对。对于班级偶发事件,班主任切不可漠不关心,听之任之。在班级偶发事件面前,班主任如果听之任之,不仅会使班级偶发事件相继发生,而且会助长肇事者的不良习气,导致出现新的班级偶发事件,直接导致学生与学生、学生与教师、学生与学校及社会之间的矛盾和隔阂,严重影响教学的正常进行,甚至产生违法犯罪行为,造成严重的后果。因此,班级偶发事件一旦发生，班主任不能优柔寡断或感情用事，一定要本着为学生高度负责的精神，积极、严肃、认真且慎重地进行处理，尽量减少班级偶发事件的发生，争取把问题消灭在萌芽状态，防止班级偶发事件的蔓延和发展。班主任要迅速果断地决策，消除激化的矛盾冲突，稳定当事人的情绪，对全班学生（如果涉及面很广的话）提出要求，并随机采取必需的措施。必要时，班主任可以用严肃、警告的语言“断喝”，果断有力、义正词严，使事态戛然而止，然后令矛盾各方冷静反省，防止事态扩大、蔓延。

（2）冷静处理。在班级管理的复杂情境中，班级偶发事件作为不可预见的挑战，考验着班主任的应对智慧与情绪管理能力。面对此类事件，冷静处理不仅是维护教育秩序的必要条件，更是促进学生健康成长、构建和谐师生关系的关键所在。

第一，冷静处理是班主任情绪管理的基石。在班级偶发事件的冲击下，班主任若能迅速调整心态，保持情绪的稳定与理智，便能有效遏制事态的恶化，避免情绪化决策带来的负面影响。这种冷静不仅是对自身职业素养的展现，更是对学生情感教育的无声示范，有助于引导学生以更加成熟理性的态度面对生活中的挑战。

第二，冷静处理有助于全面深入了解事件真相。在情绪的洪流中，人们往往容易陷入片面与偏执，而冷静则能让班主任保持清醒的头脑，通过耐心细致的调查，全面了解事件的起因、经过与结果，从而作出客观公正的判断。这一过程不仅是对事件本身的解决，更是对学生行为模式与心理状态的深刻洞察，为后续的教育引导提供了科学依据。

第三，冷处理策略在处理班级偶发事件中尤为重要。它要求班主任在面对学生的激情与冲动时，采取温和而坚定的态度，避免直接对抗与激化矛盾。通过给予学生一定的反思时间，引导他们自我调整与平复情绪，不仅能够缓解紧张气氛，还能促使学生从内心深处认识到自己的错误与不足，从而实现真正的教育与成长。

3.防微杜渐、重在预防

防微杜渐、重在预防,这一原则深刻揭示了管理与教育领域中应对潜在危机与不良现象的关键策略。尽管突发事件常被视为不可预见的偶然产物,实则其背后往往潜藏着必然性的逻辑链条。这种必然性,如同冰山之下庞大的基座,虽不显山露水,却决定了水面上可见部分的形态与走向。因此,对于可能引发不良后果的细微迹象,我们不应等闲视之,而应视为预警信号,予以高度重视。

在教育实践中,班主任作为班级管理的核心,承担着预防与干预的重要职责。他们须具备敏锐的洞察力,在日常的师生互动、学生行为模式及心理状态的变化中捕捉那些看似微不足道却意义重大,这可能是学生情绪波动、学业压力累积、人际关系紧张等问题的前兆,若不及时干预,便可能发展成为影响学生健康成长乃至班级稳定的突发事件。因此,班主任应秉持"防微杜渐"的理念,将预防工作前置,通过持续的观察、深入的交流、科学的分析,构建学生心理与行为的动态监测网络。这要求班主任不仅要精通学科知识,更要具备教育学、心理学等多方面的素养,以便能够准确识别学生身上的细微变化,并采取有效措施予以引导和支持。同时,建立健全班级管理制度,增强学生的自我管理能力与集体荣誉感,也是预防偶发事件、营造和谐班级氛围的有效途径。

4.对症下药、因势利导

在班级管理的艺术中,对症下药与因势利导作为两大核心策略,对于有效应对班级偶发事件、促进学生全面发展具有举足轻重的意义。对症下药,顾名思义,即要求班主任在处理偶发事件时,能够精准识别问题的本质与核心,采取针对性的措施加以解决。这要求班主任不仅须具备敏锐的洞察力和深入的分析能力,还需广泛收集信息,全面了解事件的前因后果及学生心理变化,以便在纷繁复杂的表象中抽丝剥茧,找到问题的症结所在。而因势利导,则是在明确问题性质与关键所在后,根据具体情境与学生特点,灵活运用教育智慧,引导事件向积极方向发展的一种策略。它强调顺应事物发展的自然规律,利用已有条件与资源,巧妙地化解矛盾冲突,使学生在解决问题的过程中受到教育,实现个人成长与班级和谐的双赢。

在具体实践中,班主任应首先通过深入调查与细致分析,为对症下药提供坚实依据。随后,在把握事件全貌的基础上,因势利导,灵活运用不同的处理方式与手段。对于个别问题,可采取私下沟通、悄然处理的方式,保护学生隐私,维护其自尊心;对于一般性问题,则可采取个别谈话、单独指导的方式,避免扩大化;而对于涉及班级整体利益的问题,则应公开透明地处理,借助集体舆论的力量,增强学生的集体荣誉感与责任感。此外,班主任还需在日常工作中注重构建和谐的师生关系,营造积极向上的班级氛围,为因势利导创造有利条件。通过组织丰富多彩的活动、及时调解学生矛盾、关注学生心理健康等方式,增强班级凝聚力与向心力,使学生在面对偶发事件时能够保持冷静与理性,积极配合班主任的工作。

5.勤于积累、善于反思

在教育实践中,教师尤其是班主任,应当秉持“勤于积累、善于反思”的职业态度,持续提升自我,深化对教育规律与学生心理的理解。这一过程不仅涉及专业知识与技能的精进,更要求教师在日常工作中不断积累经验,从每一次与学生的互动、每一次班级管理的尝试中汲取养分。通过细致观察与深入分析,班主任能够敏锐地捕捉到学生行为背后的深层原因,以及班级运作中潜在的问题与机遇,进而形成对班级偶发事件发生规律的独到见解。

(二)处理班级偶发事件的方法

1.说服教育法

说服教育法是指通过摆事实、讲道理,以提高学生思想认识和道德水平,形成正确价值观念,培养良好行为习惯的一种教育方法。[①]说服教育是

①王守恒,但柳松.班主任班级管理实务[M].安徽师范大学出版社,2013:172.

教育者进行教育的基本方法之一，也是处理班级偶发事件的有效方法。

说服教育法的突出特点是以大量可见、可闻的事实材料为依据，以良好的语言表达能力为手段进行的。它对于提高学生的思想认识，培养学生明辨是非的能力，启发学生遵守纪律的自觉性都具有极其重要的作用。

2. 移花接木法

移花接木法，是指在处理班级偶发事件时，避开导致班级偶发事件产生的直接原因，不针对班级偶发事件本身进行处理，通过另辟蹊径解决矛盾冲突的方法。这种方法能够调整学生的心理状态，激发学生的情感，并从现有矛盾的消极因素中发现积极因素，完全以另一种方式来处理矛盾冲突。

很多班级偶发事件本身并不是重要的事情。不进行处理无法平息个别学生的情绪，但当时情境又不允许着手进行对班级偶发事件的调查和处理，或是这样的事件原本也不必弄个水落石出，过一段时间，这样的事件就不再成为“事件”。对此，班主任可用移花接木的方法，利用学生身上的某个“闪光点”，根据学生注意力容易发生转移的心理特征，巧妙地把对班级偶发事件的处理转移到另一件事情上去。

3. 幽默化解法

幽默的教师历来深受学生欢迎，教师运用幽默的方式巧妙地应对班级偶发事件，自然达到事半功倍的效果。在现代社会中，没有人不喜欢与具有幽默感的人交流沟通，小学生尤其如此。在生活中，幽默能使人放松，放松能让人从容，从容才可能作出正确的选择。幽默是一种人生的艺术，是一种才华、一种力量、一种高度文明的象征，是一种引发喜悦和快乐的源泉，是人生智慧和技巧的一种最高表现，是自我协调和处理社会关系的灵丹妙药。幽默不单单是引人发笑，还能带给人们轻松和愉快，能把自己和他人从尴尬境遇中解救出来。幽默是一种睿智，在生活中，每一句幽默的语言都是一个可贵的闪光点。幽默是一种爱，能使充满矛盾的世界变得轻松，使人们变得愉快。幽默是对他人过失的原谅，是对周围环境的喜剧式调侃，也是对自我困境的自嘲和解脱。幽默绝对是善意的，绝不夹杂半点恶意，相反，它是对恶意的一种消解和抹平。幽默的人大都具备一种超人的洞察力，可以用一种独特的视角和心境“摆平”自己，从而泰然自若地走向坦途。

4.以退为进法

所谓以退为进法，就是先忍让一步，给学生充分表达和发泄的机会，然后接过对方话题，或借助一个事件，让学生自己明白道理，甚至主动寻找解决问题的方法。许多班级偶发事件，事情本身并不大，但需要处理。此时，班主任可不必急于解决，而是巧妙地反过来把事情抛给学生处理。以退为进，不是不处理，而是充分地相信学生，引导学生自我教育、自我管理，从而达到自我提高的目的。

5.推己及人法

推己及人法，是指在班级管理的过程中，教师把学生违反纪律的情形施加到他们自己身上，以产生教育和管理效果的方法。“己所不欲，勿施于人”“己欲立而立人”，这种推己及人的思想早就得到提倡。然而，真正做到这一点较为不易。推己及人法针对学生经常以自我为中心、难以换位思考的特点，充分激发学生的同情心，引起他们深刻的反思，起到良好的自我教育作用。

三、小学班级管理中偶发事件的应对

在小学班级管理中，班主任不仅是学生的知识传授者，更是学生生活中的“家长”，承担着保护、引导、管理和教育学生的多重角色。在日常工作中，班主任难免会遇到各种突发事件。针对不同类型的偶发事件，班主任应采取具体的应对策略，确保学生的身心健康和班级的良好氛围。

（一）安全事故类事件的应对

在校园环境中，安全事故是最常见的突发事件之一。无论是课间活动中的磕碰，还是实验课上的意外，班主任都应具备快速反应和处理的能力。

第一，紧急处理：安全事故发生后，班主任应迅速采取紧急处理措施。

例如，对于出血的学生应立即止血并包扎；对于可能骨折的学生应避免其移动，等待专业救援；对于心跳呼吸骤停的学生，应立即进行心肺复苏。确保学生的生命安全是第一要务，这不仅需要班主任具备基本的急救知识，还需要保持冷静和果断。

第二，及时报告：在进行初步紧急措施后，班主任应立即向学校管理层报告事故详情，同时通知学生家长，争取外界的支持和帮助。及时、准确地传达信息，有助于学校和家长协同解决问题，避免因信息不对称引发的误会和不满。

第三，事后跟进：事故处理完毕后，班主任不能就此了事，还应持续关注受伤学生的恢复情况，提供必要的帮助和支持。同时，通过班会或专题教育，提高全班学生的安全意识，分析事故原因，总结教训，防范类似事件的再次发生。

（二）行为冲突类事件的应对

学生之间的行为冲突是班级管理中的另一类常见突发事件。面对学生之间的争执、打斗等情况，班主任应以教育为主，冷静、公正地处理问题。

第一，冷静调解：冲突发生时，班主任应迅速介入，冷静调解冲突，防止事态升级。在调解过程中，应仔细了解冲突的起因，听取各方的意见，公平公正地处理问题，避免偏袒任何一方。同时，要注意保持自身的冷静和权威，以免激化矛盾。

第二，行为教育：通过个别谈话或班会的形式，对涉事学生进行行为教育，使其认识到冲突行为的错误，学会用正确的方式解决矛盾。班主任应引导学生反思自己的行为，理解他人的感受，培养学生的同理心和解决问题的能力。

第三，家校合作：必要时，班主任应与涉事学生的家长沟通，共同探讨解决问题的方法，形成教育合力。家长的参与和支持，对于问题的彻底解决和学生的行为改进具有重要作用。班主任应积极主动地与家长建立良好的沟通渠道，共同关注学生的成长。

(三)纪律违纪类事件的应对

学生的违纪行为如违反校规、扰乱课堂秩序等,不仅影响班级的正常教学秩序,也对其他学生产生不良影响。班主任应以教育为主,适当辅以处罚,使学生认识到错误并改正。

第一,事实核查:对学生违纪行为进行事实核查,确保处理依据充分、证据确凿。班主任在处理违纪事件时,必须做到客观公正,不可偏听偏信,以免误伤无辜或纵容不良行为。

第二,教育处罚结合:在处理违纪行为时,应以教育为主,辅以适当的处罚,使学生认识到行为的错误,接受教育并改正错误。处罚应适度,避免过于严厉或放纵。通过适当的教育和处罚,使学生明白行为的后果,增强其纪律观念。

第三,后续教育:处理违纪行为后,班主任应持续关注学生的表现,通过谈话、观察等方式,了解学生的思想动态,防止再次发生违纪行为。对表现良好的学生,应及时给予表扬和鼓励,帮助其树立正确的行为规范和价值观念。

(四)心理健康类事件的应对

随着社会的快速发展,学生的心理健康问题日益受到关注。班主任应具备一定的心理学知识,及时发现并有效处理学生的心理健康问题。

第一,及时发现:班主任应具备一定的心理学知识,敏锐地发现学生的心理问题,如情绪异常、行为反常等。通过日常的观察和交流,了解学生的心理状态,及时发现问题苗头。

第二,初步疏导:对发现的心理问题,班主任应给予初步的心理疏导,倾听学生的心声,给予安慰和支持,减轻学生的心理压力。通过建立信任关系,帮助学生缓解心理困扰,增强其心理承受能力。

第三,专业帮助:对于严重的心理问题,班主任应及时与学校心理辅导教师或心理医生联系,寻求专业帮助,并与家长沟通,共同帮助学生走出心理困境。班主任在处理此类问题时,应保持敏感和耐心,避免激化学生的情绪问题。

第四,营造健康氛围:通过班级活动、主题班会等形式,营造积极健康的班级氛围,增强学生的心理承受能力和自我调节能力。班主任应注重培养学生的乐观心态和团队合作精神,帮助其建立良好的人际关系,增强心理健康水平。

第四章 小学班级活动组织

第一节 班级活动及其特点

班级活动是一项规范人的外在行为、完善人的内心世界、培养创新人才系统工程。[①]活动是人类特殊的存在方式,教育活动是实现个体社会化和社会个性化的途径,班级活动是教育活动的主要组成部分。广义的班级活动,是指教育者为了实现一定的教育目的而组织班级全体成员参加的一切教育活动,包括班级课堂教学活动、班级课外活动、社会实践活动等。狭义的班级活动则是指在学科教学之外,教育者为了实现一定的教育目的,组织班级全体成员参加的教育活动,它包括综合实践活动、课外活动、第二课堂等。

班级活动的目的与学校的教育目标是一致的,都是为了促进学生德、智、体、美、劳全面发展,是实现学校教育目标的重要途径。同时,与课堂教学相比,班级活动内容更多样,涉及学生学习和生活的各个方面,形式更加活泼,为学生成长提供了更为广阔的天地,同时也带给班级勃勃生机,是良好的班集体形成的重要手段。当然,课堂教学是班级活动的基础,并为班级活动的开展提供指导和借鉴。班级活动作为学校教育活动的重要组成部分,对学生的发展和班集体的建设具有重要的意义。

一、班级活动的基本性质

第一,班级活动具有教育性。班级是学习共同体、生命共同体和发展共同体。班级活动是班主任实现班级功能的重要渠道,是班级活力的体现,对

---

①徐学俊,殷波.班级管理[M].华中科技大学出版社,2015:89.

学生的成长和发展有极为重要的作用。班级活动有广泛的教育内容,它的教育意义不局限于对学生进行单一的思想教育,而是为了全面促进学生健康成长。班级活动的出发点不仅是基于某一种社会需求,还是基于学生健康主动的成长。

第二,班级活动具有自主性。班级活动是在课堂教学之外进行的活动。组织者根据学校教育目标及教学的实际需要组织形式多样、内容丰富的活动。学生通过参与活动,展示自己的能力和成就,从而增强自信心,使自主性和创造性得到充分发挥。

第三,班级活动具有开放性。班级活动应具有开放性,要与时代发展密切联系,社会的进步及时代的发展在班级活动中应得到具体的体现。班级活动的开放性表现在以下三个方面:一是活动形式上的开放,如向校内开放,同一年级不同班级之间、同一学校不同年级之间进行交流或者是各个学校之间互相开放,互相交流学习。二是向家庭开放,通过家校联系,使教育形成更好的合力,达到更好的教育效果。三是向社会开放,让学生主动参与社会实践活动,在班级活动中不断认识社会、认识世界。

第四,班级活动具有灵活性。班级活动的开展,可以根据学校教育教学的需要和实际情况,以及学生的身心发展状况等来确定。活动规模的大小、活动时间的长短、活动内容的设计、活动场地的选择等都可以灵活掌握,班级活动因地、因时制宜,没有固定模式。班级活动给每一个参与者提供了充分实践的机会。班级活动一般由学生自己动手设计和组织,学生的参与度较高。对班级活动,教师应该指导而不能包办代替。学生在自我设计、自行组织实践活动中,获得了知识,掌握了方法,提高了能力。

二、班级活动的类型划分

班级活动的分类多种多样。按活动方式,它可分为课内活动和课外活动;按活动内容,它可分为思想品德教育活动、文化学习活动、科技活动、文艺活动、劳动活动、游戏活动、综合活动等;按活动的目的,它可分为目标内化活动、建设舆论活动、建立良好人际关系活动、班级常规管理活动、培养自觉遵守纪律活动、培养学习兴趣活动等。所有这些班级活动,都有极强的目的性和严格的要求,要求班主任加强对活动的管理和指导,以确保达到应有的实效。

对班级活动进行科学分类,不仅可以加深对班级活动的认识,还可以为班主任有针对性地进行班级活动方案的设计与组织实施提供参考。根据不同的标准可以对班级活动进行不同的分类。

(一)根据活动地点划分

1.校内班级活动

校内班级活动是指在学校中组织进行的班级活动,包括例行性班级活动、专题性班级活动和综合性班级活动。例行性班级活动又称班会,主要处理一些班务,引导全班同学对班级进行民主管理。在新学期开始时,班级需要通过班会制定或修改班级活动、工作计划,制定规章制度等。在遇到重大决定和行动时,召开班会,让全班同学讨论,统一他们的思想和认识。班委会轮换时,也要召开班会。专题性班级活动是指根据学校的统一安排,或者学生的实际需要,以中心议题的形式开展的班级活动。其中的议题可以是针对某一普遍问题而对集体进行教育的活动。综合性班级活动不但因为形式多样、内容丰富、娱乐性强而受学生喜爱,而且寓教于乐、潜移默化。校内班级活动不仅能取得很好的教育效果,还会促进集体成员之间的情感交流,使集体形成积极向上的力量。

2.校外班级活动

校外班级活动是指组织班级学生走出校门,为接触社会、了解社会、服务社会而开展的活动。组织校外班级活动,可以使学生更好地了解社会,接受思想品德教育,丰富健康情感,增强社会适应能力,促进学生的社会性发展。校外班级活动形式多样,可以开发各种社会资源,进行不同的活动。例如,以了解社会为目的的社会调查、社会考察,以培养学生的劳动观为目的的勤工俭学、支农支工活动,以培养学生道德品质为目的的社区义务劳动、敬老爱幼等活动,以及各种参观、瞻仰活动等。

(二)根据活动时间划分

1.常规性班级活动

常规性班级活动也称日常活动,指的是在相对固定的时间里开展的周期性班级活动,主要包括展会、课间活动、值日和班级例会等类型。它包括季节性活动和常规性活动。季节性活动是指在一年的特定时令、节日和纪念日开展的活动,如夏令营、冬令营、春游、秋游、清明扫墓、“学雷锋”日等。这些活动有时间规律,年年重复,并且有一定的模式。常规性活动一般是在班会时间内进行的活动。常规性班级活动的特点就是时间相对固定,一般以周和日为周期。常规性班级活动看似比较零散,每次活动的时间很短,但它的意义我们不能忽视。

2.即时性班级活动

即时性班级活动是指利用学生在学习、生活中遇到的突发事件而迅速开展的活动。它往往是临时决定的,时间短,但针对性很强。这种活动会使学生产生强烈的情绪感受,使其印象深刻,效果往往很好。

(三)根据活动功能划分

1.精神引领类班级活动

精神引领类班级活动旨在塑造学生积极健康的精神风貌,涵盖道德品质、思想感情及心理素质的培养。通过此类活动,学生能够在道德观念、情感态度及心理素质方面得到全面提升,形成健康、积极、向上的精神状态。

2.学习促进类班级活动

学习促进类班级活动聚焦于学生对知识、技能及学习方法的获取与运用。此类活动不仅涵盖学科知识竞赛、演讲、科技创新及课题设计等,还涉及日常生活中的问题解决能力。通过这些活动,学生能够在学科知识之外,增强独立探索、合作及解决问题的能力，同时培养社会责任感和解决问题的成就感。作为学科教学的有益补充，学习促进类班级活动对学生全面发展具有重要价值。

3.个性发展类班级活动

个性发展类班级活动鼓励学生展现个人特长，挖掘潜力，并发展个人优势。在这类活动中，学生能够充分表现自己，展现独特的光芒。每个学生都拥有不同的特点和优势，通过展示自己的优势，学生能够体验到成功的喜悦；同时，在欣赏其他同学长处的过程中，学生也会主动学习和借鉴，从而促进个性与能力的全面发展。

4.社会适应类班级活动

社会适应类班级活动旨在让学生学习社会生活所需的规范和技巧，掌握基本的生活技能。这类活动的内容涉及生活习惯的养成、社会实践能力的提高以及介入社会政治、经济、文化所需的基本素质的培养。作为学生未来社会生活的基石，基本的生活技巧、生存技能、权利意识及义务观念对于美好生活至关重要。通过社会适应类班级活动，学生能够总结和掌握社会规范与生存技巧，了解社会与人生，从而为未来步入社会打下坚实的基础。

（四）根据活动目标划分

1.根据基础教育课程改革划分

（1）课外活动。一般而言，我国小学课外活动来源于学生的需要、兴趣、爱好、特长及社会现实生活、学科知识等方面，其内容如下：①观察自然事物和现象，了解科学常识，如观察水、雨、雪、气、电、植物、动物等。②分析地方历史、地理。③了解社会事务，参与社会事务活动，如组织学生进行社会交往活动、经济管理活动等。④开展科学小实验活动，培养研究意识和发现能力。⑤培养实际操作动手能力的活动，如儿童家政活动、各种手工制作活动等。⑥培养音乐、美术、体育兴趣和特长的活动。⑦认识自我、接纳自我的活动。⑧尊重他人、与他人共处的活动等。这些活动中,有些可以固定在某一时段中持续进行,有些教学需要随时设计;有些以主题系列进行,有些则单独进行;有些集体完成,有些小组合作进行,有些个体单独完成;有些在校内进行,有些则在家庭或社区进行;有些按内容系列进行,有些按时间序列进行等。

(2)综合实践活动。随着社会科技的迅猛发展,知识体系的分化不断更新。为了解决学习时间有限和学习任务的无限量增加之间的矛盾,"综合学习"(综合实践活动)这种模式越来越受到关注。"综合学习"的提倡对学科知识学习、对班级活动的经验及体验学习的深化都起到了良好的促进作用。综合实践活动是学生在教师的引导下自主进行的一种批判性、反思性、研究性的实践活动。综合实践活动与以知识信息的接受为主的学习活动具有本质区别,它强调学生"从做中学",通过课题研究性学习、社会参与性学习、体验性学习和实践性学习,改变学生在教育中的生活方式或学习方式。因此,综合实践活动具有实践性、综合性、开放性、生成性和自主性等特点。其目的在于帮助学生发展以探究能力为核心的一般思维能力,形成综合实践能力,增强社会责任感,并且培养学生良好的情感和态度。其类型一般有以下四种:

第一,课题探究的研究性学习活动。课题探究的研究性学习活动即模仿或遵循科学研究的一般过程,选择一定的课题,通过调查、测量、文献资料搜集等手段(搜集大量的研究资料或事实资料),运用实验、实证等研究方法,对课题展开研究、解决问题,并撰写研究报告或研究论文。研究课题的选择与确定,通常要反映学生的生活背景和兴趣,以及特定的文化传统、自然资源状况等。

第二,实际应用的设计性学习活动。实际应用的设计性学习活动要求学生在综合应用所学的各科知识和技能的基础上,进行问题解决的实际操作。设计性学习活动包括设计产品,并创造出实施的方法。例如,设计学校的操场,设计班级形象宣传板报,设计一个学生俱乐部组织体系,设计一个雕塑方案，设计一个学校班级管理系统等；改进某一系统，排除系统障碍；设计和组织一项活动，对活动所需要的各方面因素进行整体的规划和设计，如设计采访活动、设计对政府官员的访问活动。设计性学习活动强调操作性和针对性，注重使学生获得解决实际问题的操作技能。

第三，以社会考察为主的体验性学习活动。以社会考察为主的体验性学习活动以丰富学生的社会阅历、生活积累和文化积累为目标。参观、考察、访问是体验性学习活动的基本活动方式。社会考察、参观和访问的内容一般涉及当地的历史和文化遗产、现实的社会生活和生产方式等。

第四，社会参与的实践性学习活动。社会参与的实践性学习活动即要求学生参与一般的社会实践活动领域之中，作为某一社会活动中的一员进行实际的生产活动。社会参与的实践性学习活动的根本特征是学生亲身参与活动之中。社会参与的实践性学习有利于使学生通过一般性实践，获得对他人、对社会的价值实现感。社会参与的实践性学习活动的方式有三种：社区服务活动、公益活动和生产劳动。

2.根据目前学校教育的实际情况划分

根据目前学校教育的实际情况，班级活动可分为主题教育活动和例行性班会。

(1)主题教育活动。主题教育活动也称主题班会，往往是根据学校的教育计划，针对学生的实际情况提出一个主题，围绕这个主题进行的教育活动。主题教育活动内容广泛，主要分为许多类别，如品德与行为规范、心理健康教育、爱国主义教育、社会实践、学生成长、学习与考试指导、交往与沟通、安全教育、班集体培养、纪念日、节日等。

成功的主题教育活动令人难以忘怀，教育效果明显，但它需要花费班主任和学生大量的时间，对师生素质和班级气氛都有很高的要求。由于效果显著，所以它受到教育界的大力推崇。

(2)例行性班会。例行性班会也称常规性班会、事务性班会，它往往在开学初、期中、期末举行。其主要内容是讲常规，制定班级工作计划、制定或修订班级公约、班级各项规章制度,对期中、期末的考试情况进行分析等。主要目的是规范班级的集体行为,确立班级的常规模式,形成班级的正确舆论导向,培养积极向上的良好班风。

例行性班会的实施可以实现班级的民主管理。没有例行性班会,就没有民主管理,就没有学生的自我教育。这种班会是一种班级的“政治活动”,同时也是一种民主管理和自我管理的实验,它对提高学生的民主意识和能力、培养负责任的公民,都有着十分重要的意义。

三、班级活动的特点分析

班级活动内容丰富,形式多样,方法灵活,教育总目标是它的“神”,活动内容与形式是它的“形”。一般而言,要成功举办各种类型的班级活动,必须掌握班级活动的以下主要特点:

第一,班级活动的班本性。与学科教学的统一性不同,班级活动具有班本性。它以本班级成员为教育对象和出发点,由班主任和班级成员根据本班情况自主选择和确定班级活动的内容和方式。班级活动需要充分利用本班级的各种教育资源,着眼于解决本班级集体发展中的问题,以促进本班级集体和每个成员的全面、主动发展为目的。具有班本性的教育活动,使教育目标富有创造性地融入班级活动,满足班级和每个成员的发展需要。因此,班级活动班本性的实质是实现班级活动的“生本化”。

第二,活动主体的差异性。班级活动是按班级的组织系统开展的集体活动,活动的主体是学生。学生的兴趣、爱好各不相同:有的学生性格外向、开朗、活泼、善交际,有的学生性格内向、孤僻、沉静、好独处;有的学生学业成绩好,但缺乏文艺、体育方面的特长,有的学生学业成绩差,却有体育禀赋与文艺才能。这就要求班主任善于发现每个学生身上的“闪光点”,并根据学生的个性差异,因材施教,以充分发挥每个学生的潜能与特长。

第三,活动性质的自愿性。班级活动需要学生自愿付出自己的智力和体力。课堂教学必须受教学计划和教学大纲的制约,学生必须按要求学习规定的必修课,不能任意选择,而班级活动则由学生根据自己的兴趣、爱好自由选择,自愿参加,教师只能加以引导而不能强迫。除此之外,班级活动还要凭借班级活动中集体与个体的相互作用,展开学生的自我教育过程,使学生通过自我教育实现精神与素质上的自主建构,使学校的教育要求真正转化为学生的自觉发展行动。如果学生对某项活动不感兴趣,一味强求是难以调动学生的主动性与积极性的,也不利于培养其个性、发展其特长,与教育目的相违背。

第四,活动内容的广泛性。班级活动的内容丰富多彩:可以组织各种科学兴趣小组,搞科技小发明,举办科技讲座,参观科技展览,培养学生讲科学、学科学、爱科学的兴趣;可以开展各种文艺活动,培养学生的审美能力和创造美的能力;可以开展各种体育活动,培养学生坚韧的性格和顽强的毅力,掌握各种运动技巧等。学生完全可以根据自己的选择,在丰富多彩的活动中,找到自己的合适位置,各显其能。

第五,活动组织形式的灵活性。班级活动往往利用班会活动时间、课余时间或节假日开展。班级活动的规模可大可小,形式灵活多样。从组织的规模来看,有全班、全年级乃至全校的群众性活动;有各种小组的活动,也可以是个人的活动;从具体的活动方式来看,可根据学生的年龄特征、知识水平、设备条件及指导力量等,采用多种多样的形式,如做模型、采标本、进行社会调查、举办各种展览,或者进行演讲、书评、讲座、报告会等。

第六,活动方法的自主性。班级活动是以学生的自主精神、自治精神为基础的活动,一般由学生自己动手,所以其角色意识很强,教师只能指导而不能包办代替。让学生自己组织、自己设计、自己操作,有利于培养学生的组织能力和创造能力。学生通过独立的活动,展示自己的能力、成就,能使其获得心理上的满足,从而进一步增强自信心,使积极性、创造性得到更充分的发挥。学生在活动中可以根据自己的需要和兴趣确定参与的方式等,根据自己的知识结构、个性特长和前期的准备情况,选择个性化的活动水平,确立个性化目标。

综上所述,班级活动是一种以学生集体的自我教育为核心的班本化的活动。传统意义上的班级活动，更多的是把班级学生和集体作为教育活动的对象，习惯于从既定的教育要求出发来组织和设计教育活动，关注的是表面上的教育内容、形式和要求，忽视了班级及每个成员主体发展的需求和自我教育的潜力，忽视了教育活动中集体与个体相互作用的社会心理规律，以及共同活动的结构、过程、情境、角色与学生心理活动的同构关系，更缺乏在整体意义上对班级活动做系统的规划和设计。因此，如何在新时期教育理念的引领下，重建班级活动体系和实施方式，充分发挥班级活动在班级建设、提高德育实效性、促进学生个性健康发展中的作用，是现代班级活动中重要的实践课题。

第二节 班级活动管理的内容

一、班级主题教育活动的管理

班级主题教育活动是以学生为主体、班主任为主导，在班主任的精心准备和指导下，围绕某一特定主题，有目的、有计划地组织实施，全班同学积极参与的一种集体教育活动。主题教育活动具有内容集中、形式多样、形象生动、学生自主性强等特点。

班级的主题教育活动比一般性的活动更具有教育意义，可以满足学校对学生德、智、体、美、劳全面发展的要求，可以提升学生的素质教育水平、发挥学生的创造力，是学生展示自我和锻炼能力的好机会，也是班主任通过集体力量引导学生的重要手段。好的班级主题教育活动不仅在短期有较好的效果，还会对学生的一生产生较大影响。

（一）主题教育活动的原则

1.教育性原则

主题教育活动带有较强的教育目的，一般由班主任针对某一问题，确定活动主题，并通过一系列的活动达到一定的教育意义。这些教育意义有多个方面，可提升学生思想道德水平、审美情趣，提高学生实际操作能力、开发智力等。

教育意义的实现，需要有正确的主题教育方针，并且活动设计符合一定的教学规律，使学生在活动体验中有所收获、有所感触，达到教育的最终目的。为实现教育意义，班主任要理解教育原则，从学生实际出发选定主题及内容，主题内容要凸显班级学生特色，反映学生中普遍存在的问题，对症下药，才能收效明显。有的班主任错误理解主题教育活动，在开设主题教育课时将重心放在教育学生上，将活动课当成个人演讲课，大谈大道理、号召学生学习榜样，使学生在活动中感到枯燥乏味，收效甚微。

2. 多样性原则

小学生活泼好动，信息来源广，好学求新，只有丰富多彩的活动才能提起他们的兴趣，因此在组织班级活动时，必须充分考虑小学生的特点，将班级主题教育活动多样化、创新化，切忌单调刻板。

多样性原则首先要求班级活动内容多样化，开展班级活动要兼顾学生德、智、体、美、劳各方面的素质，使活动既有教育性，又有趣味性，能使不同程度的学生都有施展的机会，使其心理上有成功的体验。另外，多样性原则还需要班级活动的形式多样性。学生喜欢求知、求新、求实、求乐，因此，班级活动的形式要丰富多彩，变化新奇，让活动更有实效性。一般可采用辩论式、演讲式、表演式、体验式等。但在选用形式多样性时需要注意，形式与内容应统一，不要弄成形式主义，太过花哨，不切合主题内容反而适得其反。例如，一些严肃的主题，就必须形式简单，整个活动需要严肃一些。

3. 主体性原则

主题教育活动虽然带有一定的教育目的，但是这一教育目的的实现是通过学生积极参与、获得深入体会而最终达到的，班主任只是主题教育活动的主导者，活动的主体是学生。因此，班主任在活动中要发挥指导作用，宏观上把控整个活动，确定主题后，引导学生自己搜集资料，班主任在整个活动中对学生进行指导和鼓励，最终使学生在活动中获得积极体验，形成自主性。

4.针对性原则

班级主题教育活动应根据学生实际，针对班级普遍存在的现实问题，有目的、有计划地组织开展活动。班级活动的针对性越强，学生的收获越大。因此，班主任首先要了解学生的思维发展特点、心理发展水平，然后以智慧的双眼，在细致观察的基础上，搜集学生在生活、学习、实践中出现的问题、困惑。这样的主题，才符合学生身心发展的要求，才能引起学生的共鸣、激发学生的热情参与，从而达到一定的教育目的。某校班主任，在一次大扫除活动中发现学生一直在抱怨太累，遇到一些问题也不会开动脑筋想问题，针对这一现象他设定了“直面困难”主题教育班会，通过设定困难情境，引导学生集思广益解决问题，学生积极参与，深入体会，意识到自己的问题并能想办法解决，最终取得了很好的效果。

针对性原则要求班主任讲究方式方法，要做到对事不对人，需要明白主题教育课是来解决问题的，而不是某些学生的批评会，面对个人性、隐私性的问题，需要班主任私下解决。例如，某班几次出现丢东西的事情后，班主任充分调查，决定开一场“道德教育”课，多次谈到班级丢东西的现象，并发泄了个人情绪，这样的主题教育课会伤害学生的自尊心，破坏整个班级的氛围，因而是失败的。

(二)主题教育活动的内容

主题教育活动最终目的是促进学生的全面发展，因此其内容较多，主要包括：德育活动、智育活动、心理健康教育活动、安全法制教育活动等。

1.德育活动

德育活动，主要是思想品德教育，通过一系列活动培养学生远大的理想、正确的政治观念、良好的道德修养，最终形成较好的道德品质。德育教育活动主要包括：爱国主义教育、集体主义教育、社会主义教育、理想教育、道德教育等。德育活动的形式丰富多样，既包括校内的正式活动，也包括校外的非正式活动。因此,对学生产生的影响可能是积极的,也可能是消极的。学校德育应预见到多种影响的存在,充分发挥引导作用,自觉抵制消极影响,同时助力学生形成自我抵制不良影响的能力。将各类积极的教育影响整合到教育目标中,形成三位一体的教育合力,推动学生品德的优秀塑造与发展。

2.智育活动

智育活动,即针对学生在学习的过程中普遍存在的问题,帮助学生树立正确的学习目标,提高学习效率,增强学习积极性,提高其学习能力,激发学生创造力等开展的活动。智育活动的内容主要包括:榜样学习、学习态度教育、学习方法教育、学习目标教育、学习兴趣教育等。

3.心理健康教育活动

心理健康教育活动,主要是针对学生的身心发展特点,运用心理学知识,开展相应主题的教育活动,使得学生形成良好的心理素质。作为班主任,不仅要学习相应心理学理论知识,了解学生身心发展的特点和规律,还要关注学生在不同时期的生理、心理发展变化,倾听他们的烦恼并引导他们解决具体问题。此外,学校应将心理健康辅导纳入课程计划中,针对全体学生,预见他们在成长过程中可能会出现的一些普遍性问题进行发展性指导。对个别已经出现问题,或者还没有出现问题,但是心理素质比较薄弱、在一定条件下可能出现问题的学生进行有针对性的心理辅导,有助于帮助学生排除心理上的障碍,减少突发事件的发生。

(三)主题教育活动的类型

第一,社会实践式。社会实践活动即公益活动、社区服务活动。社会实践活动可以增强学生的社会责任感,将学校、社会、家庭之间联系起来,将学校教育同社会教育紧密结合,提升学生的社会实践能力。

第二,专题报告式。专题报告活动通过组织学生听专题讲座、教育报告的方式开展,通过他人的解说、示范,达到一定的教育目的。主题报告针对性强，一般针对班级普遍性的问题，邀请专业人士进行解说。例如，邀请司法人员做预防犯罪专题报告；邀请班级优秀学生介绍自己的方法和经验；召开青少年心理问题专题讲座等。

第三，主题班会式。主题班会不同于一般性班会，主题班会一般围绕一个核心主题来进行。它的主要功能是德育，即通过主题班会对学生进行思想品德教育。主题班会操作性强、方便实用，内容也多种多样，如游戏式、辩论式、竞赛式等。目前，“体验式”主题班会在班级中运用较多，“体验式”主题班会根据心理学理论，运用相关心理技术，带领学生参与体验，并生成感悟和反思，学生在表达和分享中提升自己，最终实现共同成长。

第四，直观体验式。组织学生实地观摩，亲自体验接受教育，或组织学生观看展览、影视作品，是一种直观的主题教育活动形式。直观体验活动注重学生内心的真实感受、亲身经历，这种自我体验作用是教师无法代替的。例如，针对班级不少学生不了解和不遵守交通规则的现象，班主任开展道路安全教育活动，先让学生观看道路安全事故视频，随后带领学生参观本市的十字路口混乱的路况，并让学生做好违规记录，体验完成后让学生写一篇日记。学生通过体验，感受到强烈的安全隐患，从而会积极主动地寻找正确方式以确保自己的生命安全。这样的主题教育活动是较为成功的，学生体验深刻，达到了教育的目的。

(四)主题教育活动的环节

主题教育活动有别于一般性的班会和事务性活动，它要求内容丰富，形式多样，并让班级的全体学生参与进来，使整个活动达到理想的效果。一场成功的主题教育活动需要在各个环节做充分的准备工作。主题教育活动的主要包括四个阶段：准备阶段、实施阶段、评价阶段、发展阶段。

1.准备阶段

(1)设定主题。好的主题要从学生的实际出发，具有很强的针对性，并通过围绕主题的系列活动让学生得到深刻的教育和自我提升。好的主题需要把握“以小见大、大中见小”的原则,从学生的实际中去挖掘,从社会的大背景中提炼,以进行有针对性的教育。

(2)选定内容与形式。确定主题后,需要选定切合主题的内容。内容的主要来源是在学生的实际中,针对近期学生普遍存在的问题,选择学生身边的事件,引起学生的共鸣,以达到更有效的教育目的。例如,某班主题活动课,班主任组织学生学习“美德少年先进事迹”时,只是准备了一些影视资料让学生观看,显然这样的活动效果是较差的。

主题教育活动的形式需要根据学生的身心特点来确定,应尽量选择新颖活泼的形式,使学生在充满趣味的气氛中思想得到升华、兴趣得到培养、感情得到熏陶。形式是为主题服务的,所以形式需要切合主题,只有形式恰当有新意,才能达到更好的效果。确立活动形式时还需要考虑活动形式的操作性,充分考虑班会形式对时间和场所的要求,并争取让全体学生参与活动。

(3)方案的制定。成功的方案是活动顺利进行的保障,因此方案需要考虑全面。从方案的类型上来看,有教案式、剧本式和散文式活动方案。教案式活动方案就像教师的教案一样,写出实施方案和过程,包括活动目的、活动形式、活动过程、活动总结等过程。剧本式活动方案如同电视剧剧本,将整个内容串联起来,充分考虑活动的起承转合。散文式活动方案是以散文的笔法将所有的活动形式和活动内容有机结合,考虑到一些活动点子的串联,在最终的活动中学生会有更多的收获。一般情况下,班级的主题教育活动方案常采用简洁明了的教案式。

(4)材料准备。确定好主题和方案后,班主任要考虑全面,并安排学生分工协作。在学生的准备过程中,班主任给予他们一定的启发、引导、示范,增强学生的主动性,不要一切包办,但也不是放任不管。

材料准备工作主要包括:准备班会主题所需材料,如文章、影视作品等;准备活动的设备,如投影、音响等;排练节目,如主持稿、演讲稿、小品节目;布置活动场地;做好应急事件的准备工作等。

2.实施阶段

经过前一阶段的充分准备，主题教育活动可以进入实施阶段了，但在活动正式开始前，班主任一定要做好最后的检查工作，确保活动万无一失。在正式活动时，班主任应该扮演参与者和观察者的角色，在活动中师生互动，增强学生的参与度；当活动偏离主题时及时引导；在突发事件发生时处乱不惊，以镇静的情绪安抚学生，并马上作出反应，确保活动的顺利进行。另外，班主任还需要时刻关注学生的细节反应，以为后面的总结做准备。

3.评价阶段

主题教育活动结束前，班主任需要进行简短的总结性发言。总结性发言需要提前准备，并根据活动情况有所针对性，总结时观点明确、条理清晰、突出中心，主要是肯定学生的成绩、激励学生，这是增强学生自信心的好机会。同时，也应实事求是，针对活动中存在的问题和不足，引导学生查找出原因，总结经验教训，并在后续的活动中改进。评价阶段需要注意，学生是活动的主体，主题活动的成功与否他们最有感触，因此班主任在评价的时候可以邀请学生对活动进行总结。

4.发展阶段

为充分发挥主题教育活动的教育意义，应该深化主题活动并为下阶段的教育内容做准备，促进学生后续的发展。为加深学生的认识和体会，可以让学生以记日记、写作文、制作黑板报等方式加深个人的体验，班主任也可安排一系列的后续活动，进一步达到活动效果。例如，“时间管理”主题教育活动结束后，学生对时间规划有了深入的认识，并寻找到方法作出改变，班主任随后发放“时间管理计划表”“我的竞争对手表”等，督促学生在日常生活中自我监督、制定计划，最终提高学生的时间管理能力。

二、例行性班会的管理

例行性班会是在班主任的指导下，由班主任或学生主持，依据民主管理、自主管理的原则，全体学生共同讨论、处理班级日常事务，进行班集体建设的班会活动。例行性班会最终要达到规范班集体的行为、确立班级的规范、形成良好的班级舆论导向和健康向上的班级风格的目的。例行性班会强调民主、自主及规范化，因此在开展的过程中必须体现法治精神，要有议事规则，活动要遵守既定程序。

（一）例行性班会的内容

对班级的管理，可谓说是事无巨细。例行性班会必须制定好明确的班级规则，通过班级规则来管理班级的日常小事，做到有理可依、有据可行。例行性班会主要对以下方面制定规则：

第一，班集体建设。宣传学校各项规章制度和纪律（如课堂纪律、课间要求、考勤制度、考试纪律等），制定本班班规、奖惩措施，教育学生严格遵守。

第二，学生行为指导。宣传并检查各项规章制度的执行情况，表彰先进，批评错误言行，帮助学生分析和总结自己的情况，提高学生自我道德评价的能力。

第三，其他。组织讨论班级成员共同关心的问题（如班内物品如何摆放、集体活动元旦如何庆祝、比赛等），处理偶发事件（如师生之间、学生之间的矛盾）。

（二）例行性班会的特性

第一，规范性。例行性班会按制度办事：对如何开班会有具体的议事规则；对如何奖惩、如何处理问题，有班级公约和规范制度；对活动，都有严格的程序，学生、班主任都需要严格遵守。

第二，常规性。例行性班会基本上每周一次，及时通报班级情况，开展表扬和批评，对学生进行常规教育。

第三，事务性。例行性班会主要是处理班级日常事务，如布置一周工作，讨论制定活动计划和班规班纪，选举三好学生、优秀学生干部、精神文明标兵等。

第四，灵活性。例行性班会在具体安排上，其内容和形式应根据班级现状来组织，因此具有很强的灵活性。

第五，民主性。例行性班会是实现民主管理的重要途径，涉及班级发展目标、班集体建设、班级成员切身利益等事项都可以在例行性班会上进行讨论。

第六，针对性。例行性班会常常会针对班级近期的具体问题开展教育活动，一般要求在较短时间内产生教育效果。班级是个小社会，许多日常事务要通过例行性班会来进行。例行性班会可采用讨论、辩论、表决投票等形式解决问题，因此，它能培养学生的集体意识、民主意识及自主管理的能力。

（三）例行性班会的开展

1.例行性班会的计划

例行性班会需要较强的计划性，缺乏计划则会使整堂班会漫无目的，效果较差。例行性班会的计划性包括两个方面：一方面是应对整个学期的例行性班会有一个大计划；另一方面是对一次班会的具体计划。

在对整个学期的例行性班会制定计划时，班主任应考虑本班具体特点，以及学生的心理生理特点，拟订符合本班实际并能满足教育要求的计划。计划需要在开学初制定，可以采用表格的形式，将例行性班会简要地安排出来。在学期的进行之中，班主任可以根据学生的情况，对班会加以适当的调整。

对每次召开例行性班会，班主任应有具体的计划，使每次班会能够有目的、有计划地实施。制定的计划，主要包括：活动内容、活动形式、负责人及活动的主要程序、注意事项等，以保证活动的效果。在制定计划时，班主任要考虑到学生的变化性和发展性、学生目前的状态和不同特点，最终制定符合他们身心发展的计划。

2.例行性班会的议事规则

例行性班会的实施需要全方位的保障，因此在活动开始前，要制定严格的例行性班会议事规则。议事规则要充分注重学生的自主性和民主性，要在与学生共同讨论中制定，这样才能保证学生积极参与；如果班主任独断专

行,就会引起学生的反感。一般而言,例行性班会的议事规则主要讨论以下五个方面的具体内容:

(1)班会召开的时间及参与人员。例行性班会注重学生自主性,一般由班级学生主持,参与人员为班级全体学生及班主任,并由参与人员共同作出决策。这样的班会次数也不宜过多,可一两周召开一次,一般在开学初、期中及期末考试结束后,或班级遇到一些突发事件后召开一次班会。

(2)例行性班会的主要形式。例行性班会要充分调动学生的参与性,活动形式要新颖、有趣、灵活且易于操作,既能吸引学生的注意力,又能增加学生参与的积极性。班主任可以设计辩论会、案例再现、小品表演、换位思考等学生喜欢的形式,引导学生进行思考和感悟,并在小组竞争或头脑风暴中,一步步澄清和解决问题。

(3)例行性班会的范畴。例行性班会利用民主管理的方式,在平等民主的氛围中,以学生为主角,制定班级规则、制定班级工作计划,安排重大活动等。在活动中,班主任要有民主意识,如果班主任忽略民主,独断专行,在不考虑班级实际、不尊重学生意愿的情况下制定班级的一些规则,那么效果就会较差。

(4)例行性班会的程序。例行性班会从制度上规定了整个班会的流程、学生及班主任的具体任务。一切民主的形式都可以加以利用,“罗伯特议事规则”就是一种民主议会的形式,对此在下一部分例行性班会的实施中将会有详细的介绍。

例行性班会的实施需要学生的积极参与。例如,学生的迟到管理,学生的配合度等,将这些纪律或其他注意事项列为班会规范,可以对班级学生的行为加以要求,从而保证班会的顺利实施。

(四)例行性班会的实施

关于例行性班会的实施,主题的确立很关键。班主任要针对班级全体学生的思想动态,或者办事存在的共性问题选定主题。如果班主任只是随便选定主题,那么这个例会就难以引起学生的共鸣。班主任对这次例行性班会要解决的问题,议论的主题一定要心中有数,整个活动要按照计划围绕主题来开展。

(五)例行性班会的注意事项

第一,主体与主导的结合:在例行性班会中,应当强调学生的主体性与班主任的主导性相结合。班会的核心目标是提升学生的自我认知与自我教育能力。因此,班主任需充分激发学生的主动性,使学生成为班会的主导者,深化“我的班会我做主”的理念。学生的高度参与和积极主动将直接影响班会的效果。同时,班主任应发挥主导作用,作为班会的思想引领者和指导者,在主题和形式的选择、兴趣的激发以及积极性的调动上投入精力。班主任还需全程参与班会,确保班会沿着既定目标进行。

第二,班会主题的针对性:例行性班会的主题设置应具有明确的针对性,避免过于宽泛或空洞。主题应紧密结合学生的实际需求与班级近期的热点问题,确保班会内容的实用性和实效性。例如,针对班级内学生课间急于打球、不等下课铃响就离开教室的现象,设置“课间文明出教室”的主题,将更具针对性和实效性。

第三,问题与对策的并重:例行性班会不应仅停留在问题的提出上,而应注重问题的解决。班主任在班会中不仅要指出问题,还需与学生共同商讨制定解决问题的措施,并督促落实。这样的班会才能真正发挥其实效性,促进学生和班级的进步。

第四,班会主题的创新性:例行性班会的主题应避免老生常谈,缺乏新意。班主任应结合学生的实际情况和班级特色,设计新颖、有趣的班会主题,激发学生的参与兴趣和积极性。同时,班会内容应具有一定的深度和广度,以满足学生的多元化需求。

第五,班主任角色的多元化:班主任在例行性班会中不应仅扮演“传声筒”的角色,而应成为班会的组织者、引导者和参与者。班主任需从班集体建设和学生发展的角度出发,结合本班的实际情况和学生特点,制定有针对性的班会计划和内容。同时，班主任还需关注学生的反馈和意见，及时调整班会策略和方法，确保班会的有效进行。

第三节 班级活动设计及其策略

一、班级活动设计的原则

在小学阶段，班级活动的设计对于促进学生的全面发展、增强班级凝聚力以及培养学生的综合素质具有至关重要的作用。为了确保班级活动的有效性和针对性，活动设计需遵循一系列明确的原则。下面详细阐述班级活动设计的三个核心原则：个性化原则、开放性原则和生成性原则。

（一）个性化原则

谈到个性，我们一般想到的是心理学意义上的理解，即：一个人不同于他人的相对稳定的心理特点的总和。[①]目前，我们已经把“个性”这个词由心理学范畴扩展到一般的社会生活领域，除了指称人的心理特点之外，还意指社会组织、社会活动、社会关系等的独特性。个性化原则强调在班级活动设计中充分考虑每个学生的独特性，尊重他们的个体差异，确保活动能够满足不同学生的需求和兴趣。这一原则的实施有助于激发学生的参与热情，提升活动的吸引力和有效性。

第一，了解学生的个体差异。在设计班级活动时，教师首先需要深入了解每个学生的性格、兴趣、能力和学习习惯等。这可以通过日常观察、问卷调查、个别访谈等方式实现。了解个体差异有助于教师更准确地判断哪些活动适合哪些学生，从而进行有针对性的设计。

第二，提供多样化的活动选择。为了满足不同学生的需求，班级活动应提供多样化的选择。例如，可以设置一些文艺类活动，如朗诵、绘画、舞蹈等，供有艺术天赋的学生参与；同时，也可以安排科学实验、手工制作等活

①潘玉峰，赵蕴华. 班级管理与活动设计[M]. 安徽人民出版社，2012：33.

动,吸引对科学和技术感兴趣的学生。多样化的活动选择能够确保每个学生都能找到适合自己的活动,从而积极参与其中。

第三,鼓励学生的自主选择。在班级活动的设计中,应充分尊重学生的自主选择权。教师可以在活动开始前,向学生介绍活动的内容和目标,然后让学生根据自己的兴趣和意愿选择参加的活动。这种自主选择的方式不仅有助于提升学生的参与度,还能培养他们的自主性和决策能力。

第四,关注活动的个性化反馈。在活动结束后,教师应关注每个学生在活动中的表现和感受,并给予个性化的反馈。这种反馈可以是对学生表现的肯定和鼓励,也可以是对学生需要改进的地方的建议和指导。个性化的反馈能够帮助学生认识到自己的优点和不足,从而在未来的活动中更好地发挥自己的潜力。

(二)开放性原则

开放性原则强调班级活动的设计应具有开放性和包容性,能够容纳不同的观点、文化和经验,促进学生的交流与合作。这一原则有助于营造一个积极、和谐、富有创造力的班级氛围。

第一,打破传统的活动模式。传统的班级活动往往由教师主导,学生被动接受。开放性原则要求打破这种模式,鼓励学生积极参与活动的规划和实施。例如,可以让学生参与到活动的主题选择、内容设计、规则制定等环节中,从而提升他们的主动性和创造力。

第二,促进跨学科的整合。班级活动的设计不应局限于某一门学科,而应鼓励跨学科的整合。例如,可以将语文、数学、科学等学科知识融入同一个活动中,让学生在参与活动的同时,综合运用多学科的知识和技能。这种跨学科的整合不仅有助于提升学生的综合素养,还能培养他们的创新思维和解决问题的能力。

第三,引入外部资源和专家。为了丰富班级活动的内容和形式,教师可以积极引入外部资源和专家。例如,可以邀请社区的艺术家、科学家或体育教练来班级讲座或指导,让学生接触到更广泛的知识和技能。外部资源和专家的引入能够拓宽学生的视野,激发他们的学习兴趣和动力。

第四,鼓励家校合作与社区参与。班级活动的设计还应鼓励家校合作和社区参与。家长和社区成员可以为学生提供丰富的资源和支持,同时也能为活动带来不同的观点和经验。例如,可以组织一些需要家长或社区成员协助的活动,如亲子运动会、社区服务活动等,从而增强家校和社区之间的联系和合作。

(三)生成性原则

生成性原则强调班级活动的设计应注重过程而非结果,鼓励学生在活动中进行探索、发现和创造,从而培养他们的创新精神和实践能力。

第一,注重活动的探索性。在设计班级活动时,教师应注重活动的探索性,鼓励学生通过亲身实践来发现问题、解决问题。例如,可以组织一些科学实验活动,让学生自己动手进行操作和观察,从而培养他们的观察力和实验能力。探索性的活动能够激发学生的好奇心和求知欲,促进他们的主动学习。

第二,鼓励学生的创造性表达。班级活动应为学生提供创造性表达的机会。例如,可以组织一些艺术创作活动,如绘画、写作、音乐创作等,让学生充分展示自己的才华和创意。创造性表达不仅能够提升学生的艺术素养,还能培养他们的想象力和创新能力。

第三,强调活动的反思和总结。在活动结束后,教师应引导学生进行反思和总结。可以组织一些小组讨论或全班分享会,让学生分享自己在活动中的体验和收获。反思和总结有助于学生深化对活动的理解和认识,同时也能提升他们的自我反思和自我评价能力。

第四,关注活动的持续发展。生成性原则还要求关注活动的持续发展。教师在设计活动时,应考虑到活动的可延续性和可扩展性。例如,可以将一些成功的班级活动发展成校级或社区级的活动,或者将活动中的创意和成果应用到其他领域和情境中。这种持续发展的思路有助于提升学生的责任感和使命感,培养他们的长期规划和实施能力。

二、班级活动设计的策略

(一)班主任快乐工作法

在小学教育阶段,班主任作为班级的核心管理者,其工作方式和态度对学生的成长和发展具有深远的影响。为了营造一个积极向上、和谐快乐的班级氛围,班主任需要采取一系列有效的工作方法。

1.创建优良环境的感召力

班级环境是学生日常学习和生活的重要场所,其氛围和质量直接影响着学生的情绪和行为。因此,班主任应致力于创建一个优良的学习环境,这包括整洁的教室布置、积极向上的班级文化以及和谐的人际关系。通过制定明确的班级规则、设立班级荣誉墙、组织团队建设活动等措施,班主任可以营造出一个充满正能量、相互尊重和支持的班级氛围。这样的环境不仅能够激发学生的学习兴趣和动力,还能够增强班级的凝聚力和向心力,使学生在潜移默化中受到感召,形成积极向上的价值观和行为习惯。

2.虚功实做导行

班主任的工作不仅仅是传授知识,更重要的是引导学生形成良好的品德和行为习惯。在这一过程中,"虚功实做"是一个有效的方法。所谓"虚功",指的是那些看似无形却对学生有着深远影响的教育内容,如诚信、责任感、团队精神等。班主任需要将这些"虚功"转化为具体、可操作的教育活动,如通过角色扮演、情景模拟等方式,让学生在实践中体验和感悟诚信的重要性;通过组织小组合作项目,培养学生的责任感和团队精神。班主任可以将抽象的道德观念转化为学生的实际行动,使他们在实践中不断成长和进步。

3.善于抓住教育时机

教育是一个动态的过程,时机把握得当往往能够取得事半功倍的效果。班主任需要时刻保持敏锐的洞察力，善于发现和抓住教育时机。比如，在学生遇到困难或挫折时，班主任可以及时给予鼓励和支持，帮助学生树立信心、克服困难；在班级出现不良风气时，班主任可以迅速采取措施，引导学生进行反思和改正。抓住教育时机需要班主任具备丰富的教育经验和敏锐的洞察力，只有这样才能够在关键时刻给予学生最恰当的指导和帮助。

4.及时捕捉兴奋点

小学生的好奇心和求知欲旺盛，他们对新鲜事物充满兴趣。班主任可以充分利用这一点，及时捕捉学生的兴奋点，将其转化为教育的契机。例如，当学生对某个科学现象产生浓厚兴趣时，班主任可以组织一次相关的科学探究活动；当学生对某个历史人物产生好奇时，可以引导他们进行深入的历史研究。通过捕捉学生的兴奋点并加以引导，班主任可以激发学生的学习兴趣和动力，使他们在快乐中学习、在快乐中成长。

5.三位一体紧密联系，共同提高

在小学教育中，学校、家庭和社会是三位一体的教育网络。班主任作为这一网络中的重要节点，需要与学校领导、家长以及社会各界保持紧密的联系和合作。通过与学校领导的沟通，班主任可以及时了解学校的教育方针和政策，为班级工作提供有力的支持；通过与家长的合作，班主任可以深入了解学生的家庭背景和成长环境，制定更加个性化的教育方案；通过与社会的联系，班主任可以引导学生参与社会实践活动，培养他们的社会责任感和公民意识。三位一体的紧密联系和共同提高，能够为学生的全面发展提供更加坚实和有力的保障。

6.培养学生的自我教育

教育的最终目的是培养学生的自我教育和自我发展能力。班主任在工作中需要注重引导学生进行自我认知、自我反思和自我提升。例如，可以定期组织学生进行自我评价和互评活动，让他们学会客观地看待自己的优点和不足；可以鼓励学生制定个人成长计划并跟踪其执行情况；还可以引导学生参与班级管理和决策过程，培养他们的领导力和责任感。通过这些措施的实施，班主任可以逐步培养学生的自我教育能力，使他们在未来的学习和生活中更加自信和自主。

（二）开展好班级活动

通过丰富多彩的班级活动可以又快、又好、又受学生喜爱地解决班级产生的种种问题。班主任一定要会开展班级活动。做好班主任工作有三个“基本”：做好班主任工作的基本功；建设集体、教育学生的基本手段；班主任育人观的基本体现。如果说活动是个体生命的展现，班级活动则是班级活力的体现。

1.班级活动中的主体作用

（1）班主任在班级活动中的关键作用。第一，总策划者——发挥主导作用。设计活动时要注意：要用学生的大脑去思考；用学生的兴趣去填补自己兴趣的空白；用学生的情感去体验情感；把学生的困难看作自己的困难；把自己的需要转化成学生的需要；让简单充满快乐情趣的活动代替枯燥无味的说教。第二，指导班级活动的总导演——发挥指导作用。第三，参加活动的演员——发挥诱导作用。第四，总结活动的旁观者——发挥引导作用。

（2）学生在班级活动中的主体作用。第一，心灵的震撼与参与。第二，从外向内的转换。第三，变说服、教育为自觉自律行动。

2.较好的班级活动方式

（1）系列性主题班会。系列性主题班会应贯穿全年教育主题，通过一系列由浅入深、由表及里的教育活动实现教育目标。开展时，需确保主题明确、具有说服力，并能有计划、系统地对学生进行情感教育、人生观教育、理想与信念教育。

第一，主题明确性：系列性主题班会要求主题鲜明、思想性强、具有时代气息，以确保良好的教育效果。

第二，教育系列化：班会主题应贯穿日常思想教育，形成系统的思想教育高潮和总结，过程需涵盖研究、发现、提出及解决问题。

第三，情境创设：利用良好的情境开展班会，以丰富内容、突出主题，针对学生思想有的放矢。

第四，精心准备与保密性：班会前进行周密准备，但会议形式和要求保密，以激发学生的求知欲和好奇心，确保活动的真实性和感人效果。

（2）趣味活动性班级活动。趣味活动性班级活动多以“玩”的形式出现，多在室外进行，旨在寓教于乐。此类活动应强调“玩”的学习价值，引导学生在玩中观察生活、激发情感，促进对生活的热爱与追求。活动前需明确主题，启发学生在活动中探索真、善、美，要求班主任付出超常努力，使活动生动有趣。例如，夏令营活动可培养学生多种能力，弘扬集体主义与爱国主义精神，锤炼意志品质与责任意识。

（3）知识性班级活动。班主任应为学生创造条件，引导他们进入知识领域，激发其自由想象，开拓思路，充分发掘个性潜能。知识性班级活动能诱发学生学习兴趣，指导活动方向，为立志成才创造条件，是班主任培养人才的重要途径。

（4）节日性班级活动。节日性班级活动能创造轻松愉快的环境，促进创造性思维与内在潜力的发挥。应结合节日性质与教育中心内容，采用综合教育手段，使学生同时接受学校、社会、家庭的教育影响，实现全面发展。活动需年年创新，激发学生的创造热情与个性发展。

（5）富有教育意义的班级活动。富有教育意义的班级活动针对性强，能及时抓住班级思想动态展开教育。要求班主任备课充分，以生动有力的语言和情感吸引学生，提高活动质量，加强德育实效性。

（6）灵活的即时性班级活动。即时性班级活动是指抓住突发的教育良机，发挥教师教育智慧进行的活动。这类活动往往能取得意想不到的效果。

（7）创造性班级活动。创造性班级活动旨在培养具有创造性的学生，通过活动增强学生的理想与知识追求，培养学生观察、想象、分析能力及坚韧不拔的毅力。

(8)锻炼学生能力的班级活动。班主任应为学生提供锻炼能力的机会,除培训班干部外,还可组织班干部培训小组长,进一步培养一批活动能力强、组织能力强的学生骨干。这类活动不仅锻炼学生能力,还为班级生活增添乐趣与集体向心力。

(9)互助互帮的班级活动。根据学生特点,班会活动中可采用他助、自助、互助相结合的方法,让同龄人教育同龄人。通过创设恰当情境,促使学生在体会与感悟中交流,悟出道理,达到自我教育的目的。

(10)点题班会。点题班会是一种由参观者现场出题,班主任不参与,完全由班干部在无准备情况下自主主持的活动形式。

(三)开好主题班会

主题班会的核心价值在于,依托班集体的集体力量,针对并解决学生思想层面存在的问题,进而促进其思想认识水平的提升。因此,策划主题班会的关键在于触动学生的心灵深处,鼓励他们说真话、动真情、论真理。

班会是班级为解决学生在学习、思想、生活等多方面存在的问题而组织的全员会议。班会类型多样,通常可分为临时性班会、例行班会和主题班会三类。临时性班会多因突发事件而召开,例行班会主要解决班级日常管理问题,而主题班会相较于前两者,具有更明确的中心和更强的目的性,其核心在于提升学生的思想认识,是一种更为高级的班会形式。

1.班会主题需实在

实实在在的班会主题主要源自三个方面:一是学生普遍感兴趣或共同关心的问题,如入学适应、青春期交往、升学就业等;二是学生间存在较大认识分歧的问题,例如,如何平衡班级、学校与其他班级利益;三是班集体、学校或社会发生的重大事件所引发的话题,如同学获奖、学校荣誉、地方英雄模范或社会事件等。

2.重视酝酿过程

主题班会的召开需经历一个酝酿过程,旨在给予学生充分的时间进行深思熟虑。主题确定后，可设定子题分配给学习小组，要求各组在三五天内围绕子题收集资料、拟定发言提纲等。例如，“青春期男女同学交往”主题下，可设子题如青春期的定义、特征、家长态度、伟人青春期事迹等。此准备过程即为教育过程，促使学生形成个人观点，即使观点有误，也是其思考的结果，从而避免班会上无话可说的现象。

3.培养学生真实表达的习惯

部分教师在主题班会中为学生撰写发言稿，一是担忧其表达能力，二是怕其发言偏离主题。然而，此举剥夺了学生思考的权利，导致其逐渐丧失真实表达的能力。培养学生真实表达的习惯需循序渐进，初期可能杂乱无章，但经引导可逐渐步入正轨。引导中，即使不赞同学生观点，也应尊重其思考。尊重是态度问题，与观点正确与否无关。当学生感受到教师的尊重时，便勇于表达思想。对于小学低年级学生，因其表达能力有限，可先提供不同观点和做法供其选择，以此培养其独立思考和自我判断的习惯与能力。

4.强化班主任的主导作用

班会中尊重学生独立思考，并不意味放弃教师的主导地位，否则班会将迷失方向，失去教育意义，甚至造成学生思想混乱。首先，确定主题时需针对学生思想问题，明确教育目的，设计活动方案，确保内容和形式服务于教育目的，避免随意和盲目。其次，班主任需预见班会上可能出现的各种观点，通过参与小组活动、了解学生思想状况，对各类观点有充分准备，特别是与预定教育目标相悖的观点，可提前沟通或提供资料。最后，班会总结时，班主任应表明观点，避免简单肯定或否定，保护学生独立思考的积极性，同时利用自身威信进行正确引导。

5.注重巩固与延伸

主题班会结束后，相关教育并未终止。需形成决议，组织学生策划落实方案并监督执行。利用主题班会营造的特殊氛围，鼓励学生记录体验和感受，通过回味、反思和总结，进一步升华其思想和认识。

第四节 班级活动的规划与方案设计

一、班级活动的具体规划

(一)班级活动规划制定的依据

班级活动规划的制定必须是在对班级充分调查研究的基础上,由教师和学生共同展开。班级活动规划一般以一学年为周期。具体而言,其制定要以学校教育活动计划、班级自身建设需要以及学生的年龄特点和发展需要为依据。

1.依据未来社会对新一代的素质要求

教育的本质在于育人,班级活动也是为育人服务的。我们需要明确,我们要"育"的"人"应该是可以适应当今和未来社会生活的人,而非仅仅满足于适应校园生活的"人"。"叶澜教授的新基础教育"指出未来新人精神素质的"三维双向目标"。"三维"是指对个体精神生命发展具有基础性价值的,人之认知能力、道德品性、人格特征。"双向"是指三维中的每一维都包含着个体行为上两个相反的指向:一是个体指向外部世界的相互作用;二是个体指向内部精神世界的自我建构。学校发展规划对学生素质标准的描述也是以学校的立场对社会培养标准的校本化阐述,所以教师在制定班级活动规划时可以积极地借鉴学校的培养目标。

2.依据班级实际情况分析与班级建设的需要

班级发展状态是直接影响学生身心成长的核心因素。因此,在规划班级活动之前,教师必须静下心来分析一下班级的发展状态。出现了哪些新的问题,取得了哪些新的进步,甚至包括让本年级学生就存在的共性问题思考其出现的原因,作出正确的诊断,根据问题设计自己班级整体的活动,并在系列活动中不断地根据学生的状态调整自己的方案。班级活动应在规划时主动与学校德育活动相融合,体现班级活动的系统性和独特性。

3.依据班级学生年龄与成长需要

美国著名心理学家马斯洛的人类需求层级理论指出,人类有五种基本需要,依次为生理需要、安全需要、归属和爱的需要、尊重需要和自我实现需要。如果生理需要不能获得必要的满足,则无法去追求或关注其他的需要。在各种需要逐次获得满足的历程中,个人的天赋潜能才得以开展,自我理想与抱负才能终获实现。因此,班级活动的规划应从了解学生的年龄特点、成长需要入手。在了解学生的基本需要之外,更重要的是确定学生是班级活动的主体,教育的对象是一个个活生生的人,让具有个性特征的学生加入班级活动的规划过程中去,尊重个体在活动中的发展,这样才能让设计出来的班级活动切实促进学生发展。学生在不同的年龄段有不同的群体特征,有不同的发展需要,教师要站在生命的高度整体把握之。

(二)班级活动规划的具体内容

班级活动规划在制定的时候就要梳理对一段时间内班级活动的认识,包括现状和追因,然后生成总的活动主题,以及对活动开展以后,学生和班级发展状态理想愿景的描述。规划的达成必须依赖系列活动的推进,因此在总主题形成以后,应该细化为若干分主题,并预先想好相应弹性化的活动方案,具体而言,一份完整的班级活动规划大致包括以下六个方面的主要内容:

第一,班级自然状况与发展状况的分析。分析班级的自然状况和发展状况,从活动的视角审视学生的优势和欠缺,根据学生的年龄特点提出活动的实际需要和可能达到的效果。在对班级情况进行分析时,要弄清学生在过去的班级生活中已经开展了哪些活动,效果如何,从而为新的班级规划提供必要的现实借鉴。

第二,班级集体活动目标可以分为总体目标和具体目标来加以思考。总体目标从学生发展、班集体建设两个方面进行总体规划;具体目标可以从班风建设、品德教育、能力培养、科技教育、艺体教育、日常规范等方面进行具体翔实设计。目标的设计要考虑学校教育活动的目标要求、学生的发展需要、班级的建设需要,实现三者的有机整合。

第三,班级活动的内涵。班级活动内容要从日常活动、科技教育活动、主题教育活动、社会实践活动、艺体活动、心理健康教育活动等具体类别上加以策划,提出每一类型活动的详细次数和活动内容,形成较为科学和全面的内容框架。内容的选择要发挥学生的积极性和创造性,通过广泛的学生讨论、师生对话进行选择和确立,切忌搞一言堂。

第四,班级活动的详细安排。针对已确定的活动内容,依据学校的统一计划和班级的详细情况,大体规划每次活动的时间、地点和具体要求。活动安排要明确每次具体活动的负责教师、负责班委,明确要做具体的准备工作,明确每个学生具体的活动任务。特别要突出活动资源的开发与使用,在此基础上组成活动安排表。

第五,班级活动的组织与管理。班级活动的组织与管理涉及社区、学校、家庭、相关教师和全体学生,所以活动规划要做周密细致的考虑。在社区开展的活动要明确有关单位的联系人,涉及家长的活动要提前明确告知家长,对于教师的安排要预先请示学校和相关当事人。对于活动过程的管理要充分发挥班委会的作用,通过切实可行的组织建设努力实现学生的自我管理。

第六,班级活动的成果展示的具体形式。活动的成果展示实际上是引导学生在活动中进行自我反思、自我评价和自主体验。活动成果展示包括每一次活动的成果展示、每一类型活动的成果展示、一学期活动成果展示等。具体的展示形式可以是经验报告会、活动日记交流、活动小报展览等,可根据具体的活动内容进行具体的设计。

(三)班级活动规划的四大步骤

1.了解学生发展需求

教育“要贴近学生的生活,要研究学生,了解当代儿童的生存状态”。班级活动更要从对学生的调查着手，将学生成长和发展的现有状态及问题作为工作的起点，通过访谈、调查、观察等形式，明确班级的群体特点、存在的问题，并形成对班级中学生发展状态的分布、影响因素结构的认识，认真分析班级生活对学生成长的影响，主动进行班级活动的改革。

2.动员学生共同参与活动规划

班级活动应以满足和提升学生的成长、发展需要为中心主题。根据儿童和青少年成长阶段性问题与特征的显著存在，活动指导者可以用纵向的年级系列和横向的年度系列来规划班级活动。假如离开了这一核心主题，就会失去教育价值的根基。

明确核心主题后，重要的是进一步研究这一中心主题，学生在学校生活中所涉猎的领域。只有明确了领域，才可能形成年度系列，进而发展为年级系列。所以必须研究学生的成长状态、发展可能与成长需要。对指导者来说，就要真正眼睛向下，把研究学生作为选择班级活动主题的最主要的和经常性的策略，养成在学校各种情境中研究学生的习惯。

班级活动的主人是学生，班级活动要发挥每一个学生的主动性，让每个学生在自主活动中培养自我教育的能力，从而激发起敢于竞争、敢于挑战自我的自信心，向着他们自己提出的目标，以“小青蛙，用力跳一跳”的劲头一步一步去努力，班级面貌很快有所改变。

3.以学生的成长需要为主线策划活动

（1）将班级活动作为促进学生成长的一个个台阶，注重系列化。班级活动是一条动态的轨迹，“以学生成长为主线”，可以从整体着眼，从小处入手，针对目标进行分阶段的系列活动，通过实事求是的评价激励，引导学生把理念落实到行动上，使他们更加健康的成长。利用素质教育社会实践，在实践中加强学生基本道德素养的养成。这种系列活动必须考虑“天时、地利、人和”，就是根据本学期所面临的形势和各种节日、班级当前存在的问题、学生的年龄特征与认知行为水平以及学生关注的热点话题来开展对学生成长有利的班级活动。

(2)将班级活动作为促进学生成长的一个平台,注意整体化。每一次班级活动都是一个个相对静止的点迹。"以学生成长为主线",从个体着手,寻求集体发展,努力拓展活动的辐射度,提高活动的有效度。要顾及生命整体的各个层次与方面,使教育成为对整个人的健全教育,而不是只关注某一方面发展的畸形的教育,这是教育取得真实成效的基本保证。班级活动不仅是解决问题的钥匙,而且是学生成长的平台,使学生知道做人与做学问的道理,建立正确的人生观和价值观。经过班级活动,不仅要让个体进步,更要让整个集体得到成长。

4. 班级活动规划的适时调整

任何一个班级活动都是"策划"与"生成"的矛盾统一体,不能简单地认为,有了一个精心策划的活动方案,活动就一定能取得成功。精心规划形成的活动方案,并非写出师生参与活动过程中要说的每一句话,要做的每一件事,而应该是一个弹性化的活动规划。应为学生的主动参加留出时间与空间,为活动过程的动态生成创造条件。因为在活动进行阶段,时常会发生一些策划时没有预见的困难、问题、干扰,甚至是与预计效果相反的负效应。这就要求指导者能灵活地捕捉活动的反馈信息,使它们生成为新的教育资源,巧妙地予以引导和处理,适时调整原先的活动规划,展现班级活动的真实性。唯有如此,才能促进班级活动水平的不断提高。

二、班级活动的方案设计

(一)班级活动方案设计的构成

班级活动方案是具体活动的规划与安排,是在活动之初提前拟定的活动内容与步骤。主要由活动标题、活动时间、活动目标、活动地点和人员、活动内容和形式、活动步骤及活动准备等构成。为了清晰明了,方案的正文一般都分条分项地写。重要的方案还要在正文后面标明执行方案的起始日期。目标、措施、步骤是构成方案的“三要素”,是方案的核心。这部分一定要写清楚“为什么做”(目标)、“做什么”(措施)、“怎么做”(步骤)。

第一,活动主标题。活动标题是对活动内容的实质性反映。撰写方案之初,必须先确定活动标题。好的活动标题,首先要求充满学生的成长生活气息,如“男生女生不一样”;其次要反映活动的主题,如“我交往,我快乐”;最后要简练、醒目、易记。

第二,活动目标明确。教师在组织班级活动时,应先明确活动的详细目标,使学生明确开展该活动所要达到的结果。活动目标明确,是制定方案和评价活动的前提。每一项活动都有具体明确的活动目标,但不要用“认知”“情感”“操作”等心理学的分类标准来划分活动目标,而应环扣对学生现状的分析和对活动的理解做综合的、学生发展意义上的目标表述。

第三,活动时间、地点、人员。班级活动的开展,其基本构成要素是时间、地点和人员。班级活动一般以班级或小组为单位,要根据班级学生特征、知识水平、学校总体安排及教学日历等确定时间、地点和人员构成。

第四,活动内容、形式。指导者不管组织什么活动,都应该根据活动内容选择那些最能达到活动目标的活动形式,以收到最佳的活动成效。选择理想的班级活动形式的依据主要有四点:一是活动内容;二是现实条件;三是本班学生的年龄特征和其他实际情况;四是指导者自身的特长和优势。

第五,活动周全准备。在活动过程的每一步实施中,都要有目的、规划与预测,预测可能出现的问题及解决办法,并指明注意事项,以引起学生注意。特别是具有探险性的活动,要做好一切应急准备,确保活动的安全。

第六,活动工具设备要齐全。必须对开展活动的场地、所用器材及工具设备做周密考虑,以确保活动顺利进行。

第七,活动反思与总结。反思是很好的方法之一,班级活动开展完以后,并不意味着结束,对活动的反思、总结是我们必须做到的,通过反思活动,可以使活动的教育效果得以加强,使以后的活动得以优化,活动的拓展也可以使教育得以延续和深化。班级活动的反思主要从三个方面进行:①

关于班级活动的方案反思。班级活动结束以后，应该对此次活动的方案进行反思，主要包括活动的主题选得是否合理，主题提炼的深度是否得当，活动中是否还有情况是预设时没有考虑到的，活动的过程设计是否恰当，活动规划的撰写是否通俗，有没有表达歧义的地方等。②关于班级活动的过程反思。对班级活动的过程反思，主要是过程进展是否按预设顺利进行，方案中的每项活动，与实际开展是否有差异，如果有，原因是什么；活动中存在哪些困难，针对这些困难，以后该如何进行调整；有哪些活动在实施中根本就不可能开展，哪些是需要改进的；等等。③关于班级活动的最终效果反思。班级活动都需要达到一定的预期目标，在活动结束以后，必须对活动的效果给予评价。同时，在活动中还会产生意想不到的效果，有正面的，有负面的，这些都需要我们认真地总结和反思。

(二)班级活动方案的策划要求

在设计活动方案的过程中，要遵循一定的原则和要求，保证活动方案的科学性、趣味性、广泛性、教育性等。

第一，确立指导思想和活动目的。活动方案的设计必须以贯彻教育目的、落实小学教育和教学任务为指导思想，发展学生的智力和体力，使其在活动中形成知识技能。

第二，充分发挥学生的主体性。活动的开展，要发挥学生的主体性和主动性，活动的内容与形式设计，更要能发挥学生的积极主动性，群策群力，广开思路，听取学生的意见和要求，使他们真正成为活动的主人。

第三，内容及形式的创新性与适宜性。活动内容是实施教育目的的中介，当活动的内容被选定后，活动的形式对效果的影响就会很大。形式恰当，学生才能成为活动的主人，方能发挥其积极主动性。所以，应该根据学生的特点选取适宜的活动内容和形式，以达到寓教于乐的目的。

第四，活动过程的安全保障措施。在活动实施过程中，要明确活动程序，严密组织，分工明确，分析可能出现的问题并事先制定预防措施，以保证活动安全、如期完成。

(三)班级活动规划与方案的审议

班级活动规划与方案形成之后,应进行一定的审议,为的是保证计划和方案对班级发展有更明确的指导意义,使班级规划与方案的设计更加适合班级学生的身心发展,符合学校的学生发展培养规划,对学生的成长能产生深远的影响。班级活动规划与方案的审议主体是学生与教师,审议的类别与形式也是多样的。

1.审议的原则

(1)审议的对象的多元化。参加审议的对象是多元的,包括学生、教师、学校,一起构成审议的主体,大家共同参与审议,能多渠道地取得反馈信息,更好地反思和改进班级活动计划,使其更合理、有实效、更科学。审议的内容也是多元的,可以是对活动目标的评价,也可以是对活动内容、活动方式的评价,还可以只针对其中的一个方案的落实作业具体的指导意见。审议的方式也是多元的,可以由审议小组共同查看计划、交换意见,可以开展计划交流活动,或者以年级为单位组织交流,或者根据活动主题分为若干小组,围绕一个主题进行沟通。

(2)审议的真实民主化。活动计划一般由教师与学生班委共同制定,但还要采用其他学生的建议与意见。学生是班级活动的直接参与者、活动者,他们对活动的开展有着最直接的感受和判断,活动的主题的确定和活动的内容开展,能充分体现学生的主体作用和创造能力,有利于提升学生自觉参与的意识。当学生提出审议意见后,教师还要与班委针对学生提出的意见进行纠正和调整,那些确实符合班级现状、有利于班级学生的发展的活动建议,可以添加进去;一时还不能落实的活动则需要向学生及时作出说明,并列入班级未来活动计划。学校的审议要在尊重班级学生意愿和促进班级特色建设的基础上,客观、公正地提出审议意见。

(3)审议的全程化。审议要贯穿于整个班级活动的规划中,从规划制定的培训开始,学校相关部门要组织教师进行培训,对于教师在活动规划中遇到的问题要给予相关的帮助。审议的目的不是检查评比，而是相互交流。

2. 审议的组织

班级活动规划与方案的审议也是更多学生加入班级管理、自主建设班级的过程。学生对班级活动规划与方案的审议具有决定权，是审议的主体。教师则是学生审议过程中的主要参与人员，是学生的审议过程的引导者、启发者、激励者、参与者。

学校还要成立有关的班级活动审议小组，成员可以是学校分管德育工作的领导、大队辅导员、年级组长、教师代表，也可以邀请有关的社区人员等。

3. 审议的种类

（1）从范围上划分。第一，外部审议：主要指规划或方案制定之外的人加入的审议。第二，内部审议：主要指规划或方案制定阶段参与设计的人员加入的审议。

（2）从参与者的各个角度划分。第一，班内审议：班内审议又可以分为班委会的审议和班级理事会的审议。班委会的审议由班委成员参加，班级理事会的审议则由理事会成员参加，这两种审议方式都可以邀请教师参加。第二，年级审议：可以是年级内的审议，参加的人员不只限于本班学生，也可以邀请其他班级的学生或者教师，如果有条件的话还可以请相关的教师一起组织这次审议活动。第三，学校审议：学校要组织相关的人员成立校级活动规划与方案的审议小组，可以邀请社区人员和有关专家、家长等加入。他们可以给班级活动规划提供不同的视角、新的知识、新的资源，也可能给班级活动规划带来新的挑战。

班级活动方案的审议可以由年级组自行成立，主要是为班级活动的方案设计提出一定的指导意见，对活动主题、活动方案接近的班级组织调整、协调，加强班级之间的合作，有利于资源共享。

4.审议的形式

审议的形式也是多种多样的，具体而言有班级讨论、模拟实践、实地勘察、校园公告、网上发布等。

（1）在班级理事会中审议。参加讨论的成员拟定一个话题进行讨论，可以充分发表个人的见解，形成一定的意见。而后班级理事会把这次审议的重点内容向全体班级成员进行汇报，在得到学生的认可后开展活动。

（2）在实地调查中相互审议。要制定出比较翔实可行的方案，有时还需要到实地去调查、分析，掌握一定的资料再来制定活动方案。

班级活动方案中有外出活动的设想，怎样让外出活动有效地开展，就涉及活动计划书的制定。如学生要去开展野炊活动，在提出活动设想之后，需要实地勘察，去了解一下目的地的地形地貌，应该设计怎样的路线，要做怎样的准备工作。活动前，教师和家长可以带领部分学生前去调查，并认真做好记录。回来后可以依据调查情况先做一个简要的介绍，让全体学生明白，然后分组讨论，制定活动计划。各组依据自己的需要与特点选择相关的路线，并在班级中进行交流。其他各组学生可以相互补充、调整。这样由学生自己策划、相互审议的活动计划，还可以在实践中进行验证，能极大地培养学生的活动设计能力，加强学生的活动参与意识，有助于优秀班集体的建设。

（3）可以在模拟实践中审议。一个活动方案的形成，需要学生经过反复思考、讨论。只有考虑比较周密，才能对学生的活动切实起到指导作用。一份活动方案的周密性、可行性必然要受到实践的检验。因此，班级活动方案的审议还可以放到实践中去，在实践中获得检验，然后再对活动方案加以修改、完善。这样的活动方案更具有可行性，学生也能在这样的模拟实践中得到锻炼。

（4）在校园网上审议。校园网也是班级活动规划与方案交流审议的主要途径。针对一些焦点、热点问题的活动设计，校园网能发挥其交流广泛、信息流通大的特点。

(5)在校园公告中审议。在校园里的公告栏发布有关的活动信息,提请全校学生共同商讨。可以设计海报宣传,也可以借助校园的宣传栏。

(四)班级活动方案的审议评价标准

班级活动计划质量的高低在一定程度上决定了班级活动开展的水平,影响着学生的发展。因此,班级活动规划与方案的制定,需要经过一定的审议。

1.班级活动目标的审议标准

(1)目标的制定应符合学生的发展需求。目标制定要依据调查分析,确定本班学生目前的发展需求,在哪些方面能够得到发展,即采取怎样的方式能够促进学生个体的发展。过高或过低的要求都不合适。

(2)目标的制定应符合学校整体发展的方向。每个学校都有其明确的发展方向,每学期都会制定相应的学校工作计划,而班级活动目标的制定就要在此基础上,既符合学校发展方向,又突出本班学生特征。如根据一年级学生特点所制定的班级活动计划目标:“以树立小榜样为突破口,以‘小岗位’为载体,以每周养成一个行为(或学习)好习惯为形式,结合教师评、学生自评和互评、家长评等评价机制对不同阶层的学生设立相应的达标要求,以激发每个学生自身优势在学校、班级的各项活动中得以发展。”因为一年级的学生刚进入校园,学生行为习惯的培养特别重要。所以在以上这个计划中,把培养学生良好的行为习惯作为目标。这样的目标制定就使师生很清楚这学期的重点是什么,该如何去做。

2.班级活动设计的审议标准

(1)活动过程是否清晰、完整。一份比较清晰的活动内容设计包含如下问题:参加活动的成员、指导教师、活动的安排、需要做的准备、有关注意事项等。活动安排也要留有余地,以便在具体的活动过程中进行调整,帮助活动目标实现。

(2)内容安排合理,切合学生特征。审议活动内容时要依据不同的年级要求、不同年龄学生的特征,具体问题具体分析。第一,班级活动的内容安排是否切合学生的年龄特点。第二,活动内容的设计是否突出主题,活动安排是否合理、是否具有可操作性。第三,结合学校活动设计的班级活动是否呈现出本班的特色。

班级活动计划的审议要多层面、多渠道地展开,并提倡一分为二、实事求是的审议精神,集思广益、自由发表见解。要充分调动学生积极参与,激励学生自主管理班级、自主建设班级的意识与能力,让班级活动成为学生发展、凝聚班级人心的一个重要阵地。

第五章 小学班级管理过程中的学生评价

第一节 学生综合素质评价的意义

“双减”背景下，如何以评价改革促育人水平提升，为生命成长赋能，是摆在学校面前的重要命题。各级各类学校要贯彻党的教育方针，坚持社会主义办学方向，遵循教育规律和生命成长规律，办好人民满意的教育。做好顶层设计，营造综合素质评价的浓厚氛围教育是基于生命、发展生命、完善生命，并最终使个体生命实现自我价值和社会价值，获得幸福人生的伟大事业。学校要以尊重差异、赏识个体、让每个生命和谐美好生长为宗旨，积极进行学生综合素养评价改革，以多元评价促进生命成长。①

一、学生综合素质评价可以促进学生全面发展

第一，发现和发展潜能。综合素质评价通过多元化的评价方式和内容，能够更全面地发现学生的潜能和特长。传统评价方式往往侧重于学业成绩，容易忽视学生在其他方面的天赋和能力。综合素质评价则涵盖了德、智、体、美、劳等多个方面，使得学生的每一种潜能和特长都有机会被发掘和培养。

第二，培养综合素质。综合素质评价强调对学生综合素质的培养，而不仅仅是学业成绩的提升。这包括道德品质、创新能力、实践能力、团队协作能力、身心健康等多个方面。通过综合素质评价，学校可以更有针对性地开展各类活动，为学生提供全面发展的平台，帮助他们成为具备多方面能力和

---

①王丙双.浅议小学生综合素质评价促进育人方式改革[J].河南教育(教师教育)，2024(7).

素质的人才。

第三,增强自我认知。综合素质评价能够帮助学生更好地认识自己,了解自己的优势和不足。通过参与各种评价活动,学生可以更加清晰地认识到自己在不同方面的表现,从而有针对性地进行自我提升和发展。这种自我认知的过程对于学生未来的成长和发展具有重要意义。

二、学生综合素质评价可以提高教育质量

第一,优化教学内容和方法。综合素质评价的实施,要求学校对教学内容和方法进行相应的优化。传统的应试教育方式往往侧重于知识的传授和应试技巧的训练,而忽视了学生的全面发展。综合素质评价则要求学校更加注重学生的实践能力、创新能力和团队协作能力的培养,从而推动教学内容和方法的改革。

第二,提升教师专业素养。综合素质评价的实施对教师的专业素养提出了更高的要求。教师需要具备更加全面的知识和技能,以便更好地指导学生进行综合素质的提升。同时,教师还需要不断学习和更新教育理念,以适应综合素质评价带来的变化。这种要求促使教师不断提升自己的专业素养,进而提高整体教育质量。

第三,完善教育评价体系。综合素质评价的实施有助于完善教育评价体系。传统的评价体系往往侧重于学业成绩的衡量,而综合素质评价则更加注重对学生全面发展的评价。这种评价方式的引入,使得教育评价体系更加全面、科学、公正,能够更好地反映学生的真实水平和发展状况。

三、学生综合素质评价可以实现教育公平

第一,关注每一个学生。综合素质评价强调对每一个学生的关注和发展。无论学生在学业成绩上表现如何,他们都有机会在综合素质评价中展示自己的特长和潜能。这种评价方式使得每一个学生都有可能得到全面的发展和提升,从而实现教育公平。

第二,减少应试教育的倾向。传统的应试教育方式往往导致教育资源

的不公平分配，使得部分学生因为应试能力不强而失去发展的机会。综合素质评价的实施，则能够减少应试教育的倾向，使得教育资源更加公平地分配给每一个学生。这有助于打破应试教育的桎梏，让每一个学生都有机会得到全面的发展。

第三，促进教育资源的均衡分配。综合素质评价的实施还有助于促进教育资源的均衡分配。通过对学生综合素质的全面评价，学校可以更加准确地了解不同学生的需求和特点，从而有针对性地分配教育资源。这种分配方式有助于缩小不同学生之间的差距，实现教育资源的均衡分配和教育的公平性。

第二节 多元化评价体系的构建

在当今教育改革的浪潮中，评价体系的多元化已成为提升教育质量、促进学生全面发展的重要议题。尤其在小学阶段，作为学生成长的基础时期，构建一个科学、全面、公正的多元化评价体系，对于激发学生的潜能、培养其综合素质具有至关重要的意义。

多元化评价体系[①]超越了传统的以考试成绩为唯一标准的评价方式，更加注重学生的个体差异、发展过程和综合素质的提升。在小学阶段，多元化评价体系应涵盖学生的学业成绩、学习态度、创新能力、团队协作能力、道德品质等多个维度，旨在全面反映学生的发展状况，为教师和家长提供更丰富、更准确的学生发展信息。

一、多元化评价体系的构建原则

第一，全面性原则：评价体系应涵盖学生发展的各个方面，包括知识技能、情感态度、价值观等，确保评价的全面性和综合性。

第二，发展性原则：评价应注重学生的成长过程，关注其在不同阶段的

①多元化评价体系是指在教育评价过程中，采用多种评价手段、方法和工具，对学生学习的多个方面进行综合评价的一种体系。

发展变化和进步,鼓励学生不断超越自我。

第三,差异性原则:尊重学生的个体差异,根据每个学生的特点和需求制定个性化的评价标准,避免一刀切的评价方式。

第四,参与性原则:鼓励学生、家长和教师共同参与评价过程,增强评价的民主性和互动性,提高评价的准确性和有效性。

第五,激励性原则:评价应以激励为主,关注学生的优点和进步,通过正面反馈激发学生的积极性和自信心。

二、多元化评价体系的具体策略

第一,学业成绩的多维评价。学业成绩是评价学生学习成果的重要方面,但多元化评价体系下的学业成绩评价不再仅仅依赖于纸笔测试。教师可以采用课堂观察、作业分析、口头提问等多种方式,评价学生对知识的掌握程度和应用能力。同时,还可以设置一些开放性的问题或项目,鼓励学生进行探究性学习,评价其创新思维和解决问题的能力。

第二,学习态度的评价。学习态度是影响学生学习效果的重要因素。教师可以通过观察学生在课堂上的表现,如是否积极参与讨论、是否按时完成作业等,来评价学生的学习态度。此外,还可以通过问卷调查、同伴评价等方式,了解学生对待学习的态度和习惯,从而为其提供更有针对性的指导和帮助。

第三,综合素质的评价。除了学业成绩和学习态度,学生的综合素质也是多元化评价体系的重要组成部分。这包括学生的道德品质、团队协作能力、艺术修养、体育锻炼等多个方面。教师可以通过组织各种课外活动、社团组织、志愿服务等,为学生提供展示自己综合素质的平台,并通过观察、记录、反馈等方式对其进行评价。

第四,个性化评价的实施。每个学生都是独一无二的个体,他们有着不同的兴趣、特长和发展需求。因此,在多元化评价体系中,个性化评价的实施至关重要。教师可以根据学生的特点和需求,制定个性化的评价标准和方法，如为不同学习风格的学生提供不同的学习任务和评价标准，为有特殊需求的学生提供个性化的支持和帮助等。

第五，家校合作的评价模式。家庭是学校教育的重要延伸和补充。在多元化评价体系中，家校合作的评价模式能够提供更全面、更准确的学生发展信息。教师可以通过家长会、家访、家校联系册等方式，与家长保持密切的沟通与合作，共同关注学生的发展状况，制定个性化的教育计划，并共同参与评价过程。

三、多元化评价体系的具体实施

第一，教师评价素养的提升。多元化评价体系的实施需要教师具备较高的评价素养和专业能力。然而，当前一些教师在评价理念、评价方法和评价技能方面还存在不足。因此，学校应加强对教师的培训和学习，提高其评价素养和专业能力，使其能够更好地适应多元化评价体系的要求。

第二，评价标准的制定与统一。多元化评价体系需要制定多样化的评价标准和方法，但这同时也带来了评价标准统一性的问题。为了确保评价的公正性和准确性，学校应组织教师共同研究制定评价标准和方法，并对其进行不断的修订和完善。同时，还可以通过建立评价委员会或评价小组等方式，对评价过程进行监督和指导。

第三，评价结果的运用与反馈。多元化评价体系的实施需要充分运用评价结果来指导学生的学习和发展。然而，当前一些学校在评价结果的运用和反馈方面还存在不足。因此，学校应建立完善的评价结果运用和反馈机制，将评价结果及时反馈给学生和家长，并根据评价结果制定个性化的教育计划和发展策略。

第四，家长和社会的认知与接受。多元化评价体系的实施需要得到家长和社会的认知和接受。然而，当前一些家长和社会对多元化评价体系还不够了解或存在误解。因此，学校应加强对家长和社会的宣传和解释工作，使其能够更好地理解和接受多元化评价体系，并积极参与其中。

第三节 评价结果的反馈与应用

在小学教育体系中，评价结果的反馈与应用是提升教学质量、促进学生全面发展的重要环节。这一过程不仅关乎学生个体成长，还深刻影响着学校整体教育生态的构建。以下将从反馈机制的建立、反馈内容的具体化、反馈方式的多样性，以及评价结果在教育实践中的应用四个方面进行详细阐述。

一、建立有效的反馈机制

有效的反馈机制是评价结果得以充分利用的前提。首先，需明确反馈的主体与对象，确保所有参与评价的教师、学生及家长都能成为反馈链条上的一环。其次，设定固定的反馈周期，如每学期末进行一次综合评价反馈，同时辅以日常的即时反馈，形成长短结合的反馈节奏。再者，建立开放的沟通渠道，利用家长会、家校联系册、在线平台等多种方式，确保反馈信息的畅通无阻。在此基础上，还应注重反馈的及时性与针对性。及时反馈能够让学生和教师迅速了解到学习与教学中的问题所在，便于及时调整策略；针对性的反馈则需依据不同学生的特点和学习状况，提供个性化的建议与指导，避免泛泛而谈。

二、反馈内容的具体化与深度解析

反馈内容的具体化是确保反馈有效性的关键。评价结果不应仅仅停留于分数或等级的表面，而应深入学生知识技能掌握的具体情况、学习态度与习惯，以及情感与社交能力的发展等多个维度。例如，在数学科目的反馈中，除了给出总分外，还应指出学生在解题思路、计算准确性、应用题理解等方面的具体表现，以及相较于上一次评价的进步或需改进之处。

深度解析则要求教师在反馈中提供背后的原因分析，例如学生为何在某些知识点上反复出错，是由于概念理解不清、练习不足还是其他非智力因素(如情绪波动)的影响。这样的分析有助于学生和家长更全面地理解学习状况,也为后续的学习计划制定提供了依据。

三、反馈方式的多样性与创新性

多样化的反馈方式能够增强反馈的吸引力和有效性。传统的面对面反馈虽有其直接性,但在现代教育中,结合书面报告、视频讲解、在线互动等多种形式,可以更全面地覆盖不同学生的需求。例如,利用短视频为学生展示解题过程,或者通过在线平台发起小组讨论,让学生之间相互评价与学习。

创新性反馈还体现在个性化学习资源的推荐上。基于评价结果,教师可以为学生推荐适合其水平和发展方向的课外读物、在线课程或应用程序,鼓励学生自主探索与深化学习。

四、评价结果在教育实践中的应用

评价结果的应用是反馈机制的最终归宿,也是推动教育质量提升的关键步骤。首先,评价结果应直接服务于教学计划的调整。教师应根据反馈中发现的问题,适时调整教学内容、方法和进度,确保教学活动更加贴近学生的实际需求。其次,评价结果应成为促进学生个性化发展的依据。学校应设立多样化的成长路径,鼓励学生根据自身的兴趣与优势选择适合的发展方向,如开设特长班、兴趣小组等,让每个学生都能在适合自己的领域得到发展。再者,评价结果也是家校合作的重要基础。通过定期的家长会、家校联席会议,向家长全面展示学生的学习进展与成长轨迹,共同探讨促进学生全面发展的策略,形成家校共育的良好氛围。最后,评价结果的应用还应体现在教育政策的制定与优化上。学校管理层需定期汇总并分析评价结果,识别教育过程中的普遍问题与亮点,据此调整课程设置、教师培训方案乃至学校长远发展规划,确保教育资源的合理配置与教育质量的持续提升。

综上所述,评价结果的反馈与应用是小学教育中一个复杂而重要的系统工程,它要求教师、学生、家长以及学校管理层等多方面的共同努力与协作。通过建立有效的反馈机制、具体化与深度解析反馈内容、采用多样性与创新性的反馈方式，以及将评价结果广泛应用于教学实践与家校合作之中，可以最大限度地发挥评价的积极作用，促进每一位学生的全面发展与健康成长。

第四节 激励性评价在小学班级管理中的运用

在小学班级管理中，激励性评价作为一种有效的教育手段，对于促进学生全面发展、提升班级凝聚力以及优化师生关系具有重要意义。

一、激励性评价的具体认知

激励性评价是指在教学过程中，教师通过语言、情感、物质等多种方式，对学生的表现给予积极肯定和鼓励，以激发学生内在的学习动力，促进其全面发展的一种评价方式。

（一）激励性评价的本质含义

它强调尊重学生的个性差异，关注学生的成长过程，旨在通过正向激励，帮助学生树立自信，培养自主学习能力。

第一，尊重个性差异。激励性评价注重因材施教，针对不同学生的性格、兴趣和学习特点，给予个性化的评价和鼓励。这种评价方式能够让学生感受到被尊重和重视，从而更加积极地投入学习中。

第二，关注成长过程。激励性评价不仅关注学生的学习成果，更重视学生在学习过程中的努力和进步。它鼓励学生不断尝试和探索，即使面对失败也能保持积极的心态，从失败中汲取经验，不断进步。

第三，激发内在动力。通过激励性评价，教师能够激发学生的内在学习动力，使其从“要我学”转变为“我要学”。这种自主性的提升有助于学生在学习中保持持久的热情和动力，提高学习效果。

（二）激励性评价的实施策略

在小学班级管理中，实施激励性评价需要遵循一定的策略和方法，以确保评价的有效性和针对性。

第一，明确评价标准。制定明确的评价标准是实施激励性评价的基础。教师应根据学生的年龄特点和认知水平，制定具体、可操作的评价标准，让学生清楚知道自己在哪些方面需要努力和提升。

第二，多样化评价方式。激励性评价应采用多样化的评价方式，包括语言鼓励、情感支持、物质奖励等。教师应根据学生的不同需求和表现，灵活运用各种评价方式，以达到最佳的激励效果。

第三，注重及时反馈。及时反馈是激励性评价的重要环节。教师应在教学过程中及时给予学生的评价和反馈，让学生及时了解自己的学习情况和进步空间，从而调整学习策略和方法。

第四，强调正向激励。激励性评价的核心在于正向激励。教师应以鼓励和肯定为主，避免过多的批评和指责，以免挫伤学生的积极性和自信心。即使在学生犯错或表现不佳时，也应以引导和建议的方式给予反馈。

二、激励性评价的具体应用

激励性评价在小学班级管理中具有广泛的应用场景和实践价值。以下将从课堂管理、学生行为规范和班级文化建设三个方面进行具体阐述。

(一)课堂管理中的应用

第一，提问与互动：在课堂上，教师可以通过提问和互动的方式，给予学生积极参与课堂的机会。对于回答正确或提出有创意见解的学生，教师应及时给予表扬和鼓励，激发学生的思维活跃性和课堂参与度。

第二，小组合作学习：在小组合作学习中，教师可以设置一些具有挑战性的任务，鼓励小组成员共同协作完成任务。对于表现突出的小组和个人，教师应给予适当的奖励和肯定，增强学生的团队合作意识和集体荣誉感。

第三，课堂表现评价：教师可以根据学生在课堂上的表现，如注意力集中、积极思考、主动发言等，给予即时的语言鼓励或物质奖励。这种即时的反馈能够让学生感受到自己的努力和表现被教师关注和认可，从而更加积极地参与到课堂学习中。

(二)学生行为规范中的应用

第一,榜样示范:教师可以通过树立班级中的优秀学生作为榜样,鼓励其他学生向榜样学习。对于表现突出的学生,教师可以给予公开表扬或颁发荣誉证书,激发学生的向学心和竞争意识。

第二,行为纠正与引导:对于存在行为问题的学生,教师应采用激励性评价的方式进行引导和纠正。例如,对于经常迟到的学生,教师可以与其约定,如果一周内没有迟到现象,则给予一定的奖励或表扬。这种方式能够让学生感受到自己的行为受到关注和重视,从而自觉调整行为习惯。

第三,自我管理与反思:教师可以引导学生进行自我管理和反思,鼓励学生自己制定行为规范和目标,并定期进行自我评价和反思。对于能够坚持自我管理并取得进步的学生,教师应给予充分的肯定和鼓励,培养学生的自律意识和自我管理能力。

(三)班级文化建设中的应用

第一,班级口号与愿景:教师可以与学生共同制定班级口号和愿景,鼓励学生为实现班级目标而努力。在班级活动中,教师可以引导学生围绕班级口号和愿景进行创作和展示,对于表现突出的学生或小组给予奖励和表扬,增强班级的凝聚力和向心力。

第二,班级活动策划与组织:教师可以鼓励学生积极参与班级活动的策划和组织工作,对于提出有创意或表现突出的学生给予充分的肯定和支持。在活动策划和实施过程中,教师应给予学生充分的自主权和决策权,让学生感受到自己的价值和能力被认可和尊重。

第三,班级荣誉与奖励:教师可以设立班级荣誉榜或奖励机制,对于在班级文化建设、学术竞赛、体育活动等方面表现突出的学生给予荣誉证书、奖品或公开表扬。这种荣誉和奖励机制能够激发学生的集体荣誉感和竞争意识,促进班级文化的积极发展和学生全面素质的提升。

参考文献

[1] 王玮、《班主任班级管理实务》编写组.班主任班级管理实务[M].中国出版集团、世界图书出版公司,2010.

[2] 常亚慧,张鸿儒.班级文化形塑的课堂教学互动[J].教育科学研究,2020,(12).

[3] 陈志梅.基于微信平台的家校合作策略探讨[J].求学,2021(16).

[4] 邓小帼.谈谈在班级管理中学生“自治”能力的培养[J].读与写,2018(30).

[5] 刁心佳,葛婷婷,李双龙.试述教育戏剧视角下小学班级管理的策略[J].鄂州大学学报,2022(1).

[6] 何德中.小学班级管理模式分析[J].新课程研究(上旬),2022(3).

[7] 黄正平.关于班主任专业化的思考[J].中国教育学刊,2008(2).

[8] 黄正平.专业引领:班主任专业化的有效路径[J].当代教育科学,2008(12).

[9] 江海.小学“精细化”班级管理实践误区与对策研究[J].现代中小学教育,2016(3).

[10] 蒋国冰.让班级管理走向自主[J].教育教学论坛,2013(1).

[11] 李佰阳.小学班级管理方式的优化策略[J].现代中小学教育,2016(3).

[12] 李德善.神奇的教育场——打造特色班级文化创新艺术[M].西南师范大学出版社,2011.

[13] 梁岗.班级议事,让管理走向民主[J].新班主任,2016(1).

[14] 罗越媚.班级管理理论与实践[M].暨南大学出版社,2015.

[15] 潘玉峰,赵蕴华.班级管理与活动设计[M].安徽人民出版社,2012.

[16] 庞云凤,王燕红.小学班级管理策略[M].山东人民出版社,2014.

[17] 戚万学,唐汉卫.学校德育原理[M].北京师范大学出版社,2012.

[18] 齐学红.班级管理[M].武汉大学出版社,2011.

[19] 瞿平.班级班务及指导方式[J].思想理论教育,2011(9).

[20] 宋扬.浅谈小学生自主管理能力的培养[J].课程教育研究(新教师教学),2014(5).

[21] 汪昌华.班主任与班级文化建设[M].安徽师范大学出版社,2014.

[22] 王丙双.浅议小学生综合素质评价促进育人方式改革[J].河南教育(教师教育),2024(7).

[23] 王守恒,但柳松.班主任班级管理实务[M].安徽师范大学出版社,2013.

[24] 徐群,朱诵玉.班级活动的设计与实施[M].安徽师范大学出版社,2013.

[25] 徐学俊,殷波.班级管理[M].华中科技大学出版社,2015.

[26] 杨锦.关于做好小学班级建设工作的几点思考[J].师道,2024(12).

[27] 杨伟伟.小学班级管理现状与对策初探[J].学周刊,2022(20).

[28] 俞清臣,卢元楷.学校文化学[M].北京:北京师范大学出版社,2010.

[29] 张林.小学班级管理的现状分析及改进对策[J].教学与管理(理论版),2017(1).

[30] 张巧鸽.小学班级组织建设融入乡土文化策略[J].散文百家,2021(6).

[31] 周玫.德育与班级管理[M].华中师范大学出版社,2011.